Deutschbuch

Differenzierende Ausgabe

7

Lern- und Arbeitsheft

für Lernende mit erhöhtem Förderbedarf
im inklusiven Unterricht

Herausgegeben von
Markus Langner

Erarbeitet von
Angela Brabender, Birgit Ellwart,
Jana Ertel, Gabriele Klaßmann,
Walter Pingl und Margarete Westermeier

Name: ______________________________

Klasse: ______________

Cornelsen

Deutschbuch

Differenzierende Ausgabe
Lern- und Arbeitsheft 7
für Lernende mit erhöhtem Förderbedarf
im inklusiven Unterricht

Das Lern- und Arbeitsheft wurde erarbeitet auf der Grundlage der Ausgabe von Markus Langner, Andrea Wagener, Julie Chatzistamatiou, Friedrich Dick, Anna Ulrike Franken, Hans-Joachim Gauggel, Daniela Giesler, Anna Charlotte Gornik, Ruth Malaka, Christoph Mann, Arnhild Nachreiner, Mechthild Stüber, Carolin Wemhoff-Weinand, Christin Wiebusch.

Zu diesem Lern- und Arbeitsheft gibt es ein passendes **Schülerbuch** (ISBN 978-3-06-063402-6).

Redaktion: Jana Görbing, Berlin

Illustrationen:
Maja Bohn: S. 109–112, 114, 117, 120, 121
Eva Czerwenka: 129–131, 134/1, 134/2
Marie Geißler: 155–158, 161, 162, 217–224, 227, 228, 312
Christiane Grauert: 87–90, 92, 94
Alexander von Knorre: 259–262, 264–267, 277–279, 281
Susanne Kuhlendahl: 68, 69, 80–82
Matthias Pflügner: 14, 15, 38, 57, 61, 209

Umschlaggestaltung: Corinna Babylon und Jule Kienecker (Berlin) unter Verwendung folgender Fotos: Shutterstock/pixelheadphoto digitalskillet (Junge mit Rucksack); Shutterstock/telesniuk (City Frankfurt Skyline); Shutterstock/Vadim Sadovski (Planet); Shutterstock/Oleksiy Mark (Smartphone mit Karte); Shutterstock/Feng Yu (Kompass)
Layout und technische Umsetzung: Straive, Chennai

www.cornelsen.de

Dieses Werk berücksichtigt die Regeln der reformierten Rechtschreibung und Zeichensetzung.
Bei den mit [R] gekennzeichneten Texten haben die Rechteinhaber einer Anpassung widersprochen.
Die mit [V] gekennzeichneten Texte wurden aus didaktischen Gründen gekürzt und/oder verändert.

1. Auflage, 1. Druck 2022

Alle Drucke dieser Auflage sind inhaltlich unverändert und können im Unterricht nebeneinander verwendet werden.

Druck: H. Heenemann, Berlin

ISBN 978-3-06-063459-0

PEFC
PEFC/04-31-1156

PEFC zertifiziert
Dieses Produkt stammt aus nachhaltig bewirtschafteten Wäldern und kontrollierten Quellen.

www.pefc.de

Inhaltsverzeichnis

7 Geheimnisvoll und schauerlich – Balladen untersuchen und gestalten 129

8 So ein Theater! – „Paul Vier und die Schröders" untersuchen und produktiv erschließen 155

9 Zeichensprache und Schriftsprache – Sachtexte und Medien untersuchen 175

10 Das willst du!? – Werbung untersuchen und gestalten 197

11 Forschen und experimentieren – Grammatiktraining 217

1 In vielen Netzen –
Online und offline kommunizieren

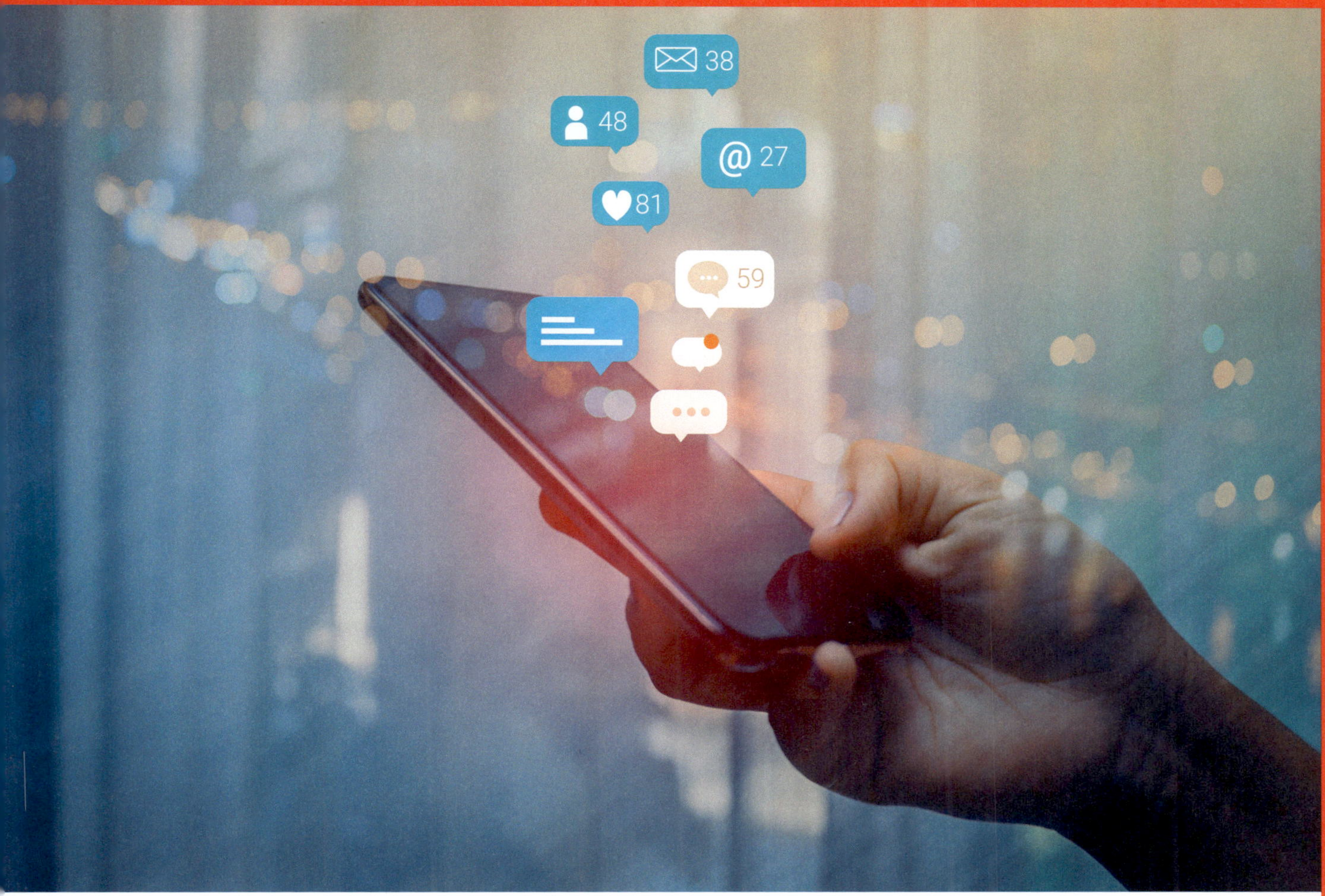

1 a Was bedeuten die Symbole **Herz, Brief** und @ über dem Smartphone?
Ordnet die Bedeutungen zu.

Du hast neue „Likes" erhalten. • Du hast neue Mitteilungen bekommen. • Mit diesem Zeichen ordnest du einer Person eine Nachricht zu. Du findest es auch in jeder E-Mail-Adresse.

b Welche Überschrift passt deiner Meinung nach zum Bild? Kreuze an.

- [ ] Das Handy, immer zur Hand
- [ ] Das Handy – ein Kommunikationstalent

2 Was bedeutet das Wort **kommunizieren?**
Lies den Informationskasten.

> Ein anderes Wort für kommunizieren ist **mitteilen.** Es werden **Informationen ausgetauscht.** Das kann man auf unterschiedliche Weise tun: miteinander **sprechen,** sich **schreiben** (auf einem Papier oder digital, zum Beispiel mit dem Handy) oder auch durch **Körpersprache** (auf etwas zeigen).

A

A: Guten Morgen!
Schön, dass du auch schon da bist!
B: Entschuldigen Sie bitte die Verspätung. Mein Wecker hat heute früh nicht geklingelt und dann habe ich den Bus verpasst.
A: Stell dir in Zukunft bitte mehr als einen Wecker. Das ist diese Woche schon das zweite Mal, dass du zu spät kommst.
B: Haben Sie sich mit meinen Eltern abgesprochen? Genau das haben die mir heute Morgen auch schon gesagt!
A: …

B

A: Junge, was is los mit dir?
B: Kein Plan, bin voll fertig wegen Silja!
C: Heul nicht rum wegen der, du ziehst uns voll runter.
A: Isso. Such dir 'ne andere.
B: Nee, das bring ich nicht. Ich mag sie zu sehr.
C: Dann red mit ihr und reißt euch mal zusammen, geht mal so gar nicht.
B: Und was soll ich ihr deiner Meinung nach sagen?
C: …

(1) ein Schüler und ein Lehrer

(2) ein Schüler und seine Freunde

1 **a** Lest die Gespräche A bis D mit verteilten Rollen vor.
b Wo finden diese Gespräche statt? Schreibe auf.

Gespräch A: ______________________

Gespräch B: ______________________

Gespräch C: ______________________

Gespräch D: ______________________

im Klassenraum • im Elektrofachmarkt • zu Hause am Smartphone • auf dem Pausenhof

c Wer spricht mit wem? Schreibe auf.

Gespräch A: ______________________

Gespräch B: ______________________

Gespräch C: ______________________

Gespräch D: ______________________

Schüler und Lehrer • zwei Freunde • Schüler und Verkäuferin • drei Freunde

C

A: Guten Tag. Was kann ich für dich tun?
B: Guten Tag. Ich habe eine Frage zu einem Ihrer Produkte.
A: Wie kann ich dir helfen?
B: Ich habe gestern hier bei Ihnen neue Bluetooth-Kopfhörer gekauft. Aber ich kann die leider nicht mit meinem Handy verbinden.
A: Eigentlich kann man die Kopfhörer mit allen Handys verbinden. Zeig mir doch bitte dein Gerät. Ich schaue gern mal nach.
B: …

D

A: Was geht bei dir?
B: Nix, ich zock 'ne Runde! Komm doch auch on!
A: Nö, geh gleich Kino.
B: Ok.
A: Willste mit?
B: Nö, chill hier weiter.
A: …

(3) ein Schüler und eine Verkäuferin

(4) ein Schüler und sein Freund

2 In allen vier Gesprächen kommuniziert ein Schüler mit unterschiedlichen Personen.
In den Gesprächen A und C spricht er besonders höflich.
In dem Gespräch B und im Handychat D kommuniziert der Schüler mit Freunden.
Untersuche die Texte genauer. Schreibe Beispiele auf.

Wo werden Wörter weggelassen? ______________________

Welche Abkürzungen werden benutzt? ______________________

Welche Wörter gehören zur Alltagssprache? ______________________

3 Wie könnten die Gespräche A bis C und der Handychat D weitergehen?
Schreibe jeweils ein passendes Ende in dein Heft.

Das ist sehr nett von Ihnen, vielen Dank! • Dann sind wir ja einer Meinung. Bitte überprüfe heute Abend, ob du deinen Wecker auch gestellt hast. • Alles klar, mach's gut! • Sag ihr, dass du keinen Bock auf die Spielchen hast, Mann!

Über die Selbstdarstellung im Netz nachdenken

Sich selbst in sozialen Netzwerken darstellen

1 **a** Sieh dir die Profilseite an.

Sennalove123

289	216	230
Beiträge	Abonnenten	abonniert

Name: Senna Libowitz
Ich mag: Deutschrap, Abonnenten und Likes
Ich mag nicht: Schule, Hausaufgaben, Herrn Strecke
Hier bin ich: 21075 Hamburg, Waldstraße 2

Meine Girls! Ich liebe euch! ❤
#Sommer! #Ehrlichkeit

My Story:

#FalscheFreunde
❤ Gefällt 134 mal

b Was erfährst du über Sennalove123? Schreibe auf.

Das Mädchen heißt ______________________________.

Sie wohnt in ______________________________.

Sie mag: ______________________________.

Sie mag nicht: ______________________________.

2 In sozialen Netzwerken sollte man keine persönlichen Daten über sich preisgeben. Keine Fotos von anderen Personen einstellen und nicht sagen, was oder wen man nicht mag. Was sollte Senna löschen? Kreuze an.

☐ den Nachnamen ☐ die Adresse ☐ das Profilbild ☐ die Interessen
☐ die Dinge, die man nicht mag ☐ die Fotos mit anderen Personen

In sozialen Netzwerken höflich kommunizieren

1 **a** Lies die Beiträge aus einem Internetforum.

Eddie123
Liebe Koch-Community, ich möchte meiner Freundin als Überraschung ein leckeres Essen kochen. Sie mag gern Nudeln. Ich habe aber noch nie ein Nudelgericht gekocht. Könnt ihr mir Tipps zum Nudelkochen geben? Danke, Eddie

Eva2110
Hey Eddie, du musst Wasser in einem Topf zum Kochen bringen, das Wasser salzen und dann die Nudeln reingeben. Die Kochzeit findest du auf der Nudelpackung. Ich würde dir dazu ein Pesto empfehlen, das ist am einfachsten.

EsgibtBlödeFragen
Was bist du denn für einer? Nicht mal Nudeln kochen kannst du? Deine Freundin sollte sich besser jemand anderen suchen!

Admin: @EsgibtBlödeFragen, dein Beitrag wurde gelöscht. Bitte lies unsere Netiquette (Regeln für gutes Benehmen):
1. Verhalte dich immer so, wie du auch behandelt werden willst. Beleidigungen sind hier im Forum wie auch im wirklichen Leben nicht hilfreich.
2. Belästige andere nicht mit Spam-Nachrichten, indem du mehrfach dasselbe postest.

b Beantworte die Fragen.
A Was möchte der Nutzer **Eddie123?** Kreuze an.

- [ ] Er braucht Hilfe beim Kochen von Nudeln.
- [ ] Er sucht eine gute Überraschung für seine Freundin.

B Welche Antwort ist für **Eddie123** hilfreich? Kreuze an.

- [ ] die Antwort von Eva2110
- [ ] die Antwort von EsgibtBlödeFragen

C Warum wurde der Beitrag von **EsgibtBlödeFragen** gelöscht? Gegen welche Regel hat er oder sie verstoßen? Schreibe auf.

2 **a** Lest die nebenstehende Erklärung zum Wort **Netiquette.**
b Welche Regeln sollten für einen Klassenchat gelten? Überlegt gemeinsam.
c Schreibe drei mögliche Regeln in dein Heft.

die Netiquette:
Regeln für gutes Benehmen oder höflichen Umgang miteinander im Internet

Ein Interview über Cybermobbing untersuchen

1 In dem Interview geht es um **Cybermobbing.**
Cybermobbing bedeutet, dass man das Internet oder Textnachrichten dafür nutzt, um andere Menschen zu beleidigen oder zu belästigen. Das kann schlimme Auswirkungen haben.

a Lies das Interview.

„Ich wollte nicht, dass so etwas passiert!"

Cyber Journal: Lisa, bitte erzähl uns, was damals passiert ist.
Lisa: Ich war total verliebt in meinen besten Freund Henry. Ich kenne ihn schon seit dem Kindergarten. Wir haben immer viel Zeit zusammen verbracht. Und dann erzählte mir Henry einmal beim Eisessen von Melia.

Cyber Journal: Wer ist Melia?
Lisa: Sie war neu in seiner Klasse. Und sie gefiel ihm irgendwie. Ich habe ihm Mut gemacht, sie anzusprechen. Das hat Henry auch gemacht und war dann mit Melia zusammen. Er hatte kaum noch Zeit für mich. Da wurde ich eifersüchtig und wütend. Ich hasste Melia und wollte, dass er nicht mehr mit ihr zusammen ist. Deshalb überlegte ich mir einen Plan.

Cyber Journal: Du wolltest etwas tun, um die Beziehung zwischen Henry und Melia zu stören?
Lisa: Ja. Ich habe Henry gesagt, dass ich Melia kennen lernen möchte. Ich tat so, als könnte ich Melia gut leiden. Wir beide machten Selfies beim Shoppen. Und dann habe ich heimlich ein Profil für Melia angelegt und Fotos von ihr online gestellt. Manche Fotos habe ich auch verändert: Ich habe mich rausgeschnitten und das Bild eines Jungen eingefügt. Und darunter habe ich geschrieben: „Henry oder Lasse – wen soll ich wählen? Stimmt jetzt ab!" Ich habe in ihrem Namen Freundschaftsanfragen verschickt. Später habe ich Henry das Profil gezeigt.

Cyber Journal: Welche Auswirkungen hatte das gefakte Profil?
Lisa: Einige Mitschülerinnen und Mitschüler von Melia begannen, hinter ihrem Rücken zu tuscheln und sie zu meiden. Henry war sprachlos, als er das Profil sah. Er war total wütend auf Melia. Ich freute mich, dass mein Plan so gut aufgegangen war.

Cyber Journal: Was passierte dann?
Lisa: Es war fürchterlich. Henry hat Melia das Profil gezeigt und sie gefragt, warum sie so über ihn schreibt. Melia war entsetzt und hat das Profil sofort ihren Eltern gezeigt.

Cyber Journal: Wie reagierten Melia und ihre Eltern auf das Fake-Profil?
Lisa: Melias Eltern sprachen zuerst mit der Klassenlehrerin, dann mit der Schulsozialpädagogin und auch mit der Schulleitung. Danach erstatteten sie schließlich Anzeige bei der Polizei. Davon hat Melia mir selbst erzählt. Sie wusste ja nicht, dass ich das Profil angelegt hatte. Ich bekam plötzlich große Angst und erzählte alles meinen Eltern. Wir gingen zusammen zu Melia und ihrer Familie und ich bat Melia um Verzeihung.

Cyber Journal: Wie ging der Vorfall für Melia und für dich aus?
Lisa: Die Polizei berichtete mir, wie groß der Schaden war. Fotos, die einmal veröffentlicht werden, können nur schwer wieder gelöscht werden. Ich fühlte mich schrecklich. Darüber hatte ich nicht nachgedacht. Einige Zeit später hat Melia die Schule gewechselt, weil die Gespräche und das Getuschel über sie auf dem Pausenhof nicht aufhörten. Henry hat seitdem nie wieder mit mir gesprochen. Ich fühle mich bis heute schuldig und wünsche mir, dass Melia mir eines Tages verzeiht.

b Was passiert mit Melia?
Sprich mit einer Partnerin oder einem Partner darüber.

2 Was machen Melia und ihre Eltern, als sie von dem Fake-Profil erfahren?
In welcher Reihenfolge führen sie Gespräche? Schreibe auf.

	die Schulleitung
1	die Klassenlehrerin
	die Sozialpädagogin
	die Polizei

3 **a** Wie hat sich Melia gefühlt?
Schreibe deine Ideen auf.

b Stell dir vor, du bist Lisa und schreibst einen Entschuldigungsbrief an Melia.
Du schreibst, dass es dir leidtut, und erklärst, warum du das gemacht hast.
Frage nach, wie es Melia geht. Biete deine Hilfe an.
Schreibe den Brief in dein Heft.

Es tut mir leid, was passiert ist … • Ich möchte dir erklären, warum ich das gemacht habe. • Es muss schlimm für dich gewesen sein. • Ich hoffe, … • Ich wünsche mir, … • Ich habe daraus gelernt, … • Ich wusste nicht, … • Gerne helfe ich dir bei …

Liebe Melia,

auch wenn ich mich schon bei dir entschuldigt habe, möchte ich dir diesen Brief schreiben.
…

Liebe Grüße
Lisa

Sprachebenen untersuchen

Öffentliche und private Kommunikationssituationen unterscheiden

1 **a** Lies die beiden Fragen. Es wird nach der Uhrzeit gefragt.

A Hey du, sag mal, wie spät is 'n es g'rade?

B Entschuldigen Sie, könnten Sie mir bitte sagen, wie spät es gerade ist?

b Wer könnte hier miteinander sprechen? Schreibe auf.

zwei Freundinnen • zwei Personen auf der Straße

Frage A: ______________________________

Frage B: ______________________________

c In **Frage A** findest du viele Abkürzungen.
Frage A ist in der Du-Form formuliert.
In **Gespräch B** wird die höfliche Sie-Form verwendet.
Welche Frage ist länger? Kreise ein. (A / B)

2 **a** Lies die Gespräche A, B und C.

A	B	C
– Was geht bei dir heute? – Ich zock 'ne Runde.	– Was machen Sie denn am Wochenende? – Ich gehe mit meiner Familie Lasertag spielen.	– Was machst du denn am Wochenende? – Einfach chillen, nichts weiter.

b Untersuche die Gespräche A, B und C. Wer spricht mit wem? Schreibe auf.

Schülerin und Lehrerin • zwei Freunde • Großmutter und Enkel

Gespräch A: ______________________________

Gespräch B: ______________________________

Gespräch C: ______________________________

c Markiere die Abkürzungen mit einer Farbe.
Markiere die Begrüßungen in den beiden Gesprächen:
Die Du-Form mit einer zweiten Farbe und die höfliche Sie-Form mit einer dritten Farbe.

Sprachebenen untersuchen

1 **a** Felix spricht mit verschiedenen Personen. Lies, was Felix sagt.

A Vielen Dank für Ihre Glückwünsche, Herr Foltin. Ich habe von meinen Eltern ein neues Handy bekommen. Die Kamera ist nicht schlecht.

B Meine Eltern haben mir zum Geburtstag dieses Handy geschenkt. Hätten Sie vielleicht eine passende Schutzfolie? Und könnten Sie diese bitte auch gleich auftragen?

C Hey Leute, hab gestern 'n neues Handy bekommen. Übel nice! Und 'ne freshe Kamera! Hab mir schon das neue mobile game gedownloadet. Komme heut Abend on.

D Bin voll happy. Hab endlich ein neues Handy von Mama und Papa bekommen. Mein altes war echt langsam und ich konnte keine Spiele runterladen.

b Mit wem spricht Felix? Lies die Aussagen A bis D laut vor.

c Schreibe auf, mit wem Felix spricht.

die Großeltern • die Freunde • der Verkäufer • der Klassenlehrer

Gespräch A: Felix spricht mit ____________________

Gespräch B: ____________________

Gespräch C: ____________________

Gespräch D: ____________________

Du sprichst mit einer Verkäuferin oder einem Verkäufer anders als mit einer Freundin oder einem Freund.
Standardsprache verwendest du, wenn du zum Beispiel mit Fremden oder Respektpersonen sprichst **(Gespräche A und B).**
Wenn du mit Familienangehörigen sprichst, machst du dies in der **Alltagssprache (Gespräch D).**
Mit deinen Freundinnen und Freunden unterhältst du dich oft in der **Jugendsprache (Gespräch C).**

2 Finde in den Texten von Aufgabe 1 a Beispiele für die Merkmale der Sprachebenen.
Schreibe in dein Heft.
Du-Form: …
höfliche Sie-Form: …
Abkürzungen: …
Wörter, die aus dem Englischen kommen: …

Wörter mit ähnlicher und gegensätzlicher Bedeutung kennen

1 **a** Hier tauschen sich Personen über einen Kinofilm aus.
Lies die Aussagen in den Sprechblasen.

A Die schauspielerische Leistung der Hauptdarstellerin war **hervorragend.** Man sollte sich ihren Namen merken.

B Der Film war **echt krass.** Ich fand die Szene **genial,** als plötzlich alle in der U-Bahn zu tanzen begannen. **Mega!**

C **Voll nice** Locations in dem Film. Den Ort in Berlin hab ich wiedererkannt. Die Sonnenallee, da wohnt meine Sis. Die hat voll die **super** Hütte dort!

D Die Filmmusik war **ausgezeichnet.** Ein Meilenstein der Filmmusik! **Großartig!**

b Wer sagt was? Schreibe auf.

Aussage A: ______________________

Aussage B: ______________________

Aussage C: ______________________

Aussage D: ______________________

eine ältere Person • eine jugendliche Person • eine junge erwachsene Person • eine alte Person

c Es werden acht Wörter genannt, die die Bedeutung **sehr gut** haben.
Schreibe sie in dein Heft.
hervorragend, …

2 Auch für das Wort **sprechen** gibt es viele andere Wörter mit der gleichen Bedeutung.
Verändere den folgenden Satz **dreimal.**
Setze jedes Mal ein anderes Wort für **sprechen** ein.
*Die Leute vor dem Kino **sprechen** über den Film.*

reden • diskutieren • schwärmen

3 Wie können Filme sein? Schreibe das Gegenteil auf.

interessant – langweilig
schwarzweiß – ______________
modern – ______________
lustig – ______________

altmodisch • ernst • bunt

2 Respekt tut gut! –
Strittige Themen diskutieren

1 Über welche Themen habt ihr in der Klasse schon abgestimmt?
Schreibe einige Themen auf.

2 Wähle ein Thema aus, zu dem es unterschiedliche Meinungen in deiner Klasse gab.
Schreibe das Thema und zwei Meinungen auf.

1 Der Lehrer macht seiner Klasse einen Vorschlag.
Worum geht es dem Lehrer? Gebt es mit eigenen Worten wieder.

> Der Lehrer schlägt vor …

2 Was könnt ihr an der Körpersprache der Schülerinnen und Schüler ablesen? Beschreibt.

> Die Körperhaltung von Mario zeigt, dass er …

> Lilis Gesichtsausdruck wirkt …

ablehnend • aufgeschlossen • genervt • gleichgültig • sachlich • begeistert • unentschlossen

C Ich finde die Idee gut, weil uns das bestimmt im Alltag hilft. Mit Höflichkeit kommt man immer weiter!

D Bloß nicht! Das stelle ich mir total langweilig vor. Wir können uns doch alle gut benehmen!

E Ich weiß nicht, ob das etwas für mich wäre. Aber ich bin dafür, denn es kann ja nicht schaden, das mal auszuprobieren.

3 **a** Sind die Schülerinnen und Schüler für den Vorschlag des Lehrers oder dagegen?
Wer ist dafür? Markiere mit einer Farbe.
Wer ist dagegen? Markiere mit einer anderen Farbe.

b Welche Meinung hast du zu diesem Thema?
Schreibe sie auf.
Du kannst auch eine Meinung aus der Klasse übernehmen.

4 Welches Verhalten wünschst du dir, wenn ihr in der Klasse diskutiert?
Markiere im Kasten.

einander ausreden lassen • sachlich bleiben • auf andere eingehen • zuhören • nicht auslachen • höflich antworten • sich melden • keine Beleidigungen

Überzeugend argumentieren

Argumente mit Beispielen veranschaulichen

1 Lies das Gespräch genau.

Frau Böhm: Wir wollen heute die Klassensprecherin oder den Klassensprecher wählen. Muss sich diese Person vorbildlich an alle Klassenregeln halten?

Kerem: Sie sollte sich immer an die Regeln halten, da sie ja sozusagen „der Boss" der Klasse ist. Ich würde an ihrer Stelle beispielsweise nie zu spät kommen.

Mia: Ich finde, Klassensprecher müssen nicht immer Vorbilder sein. Schließlich ist niemand perfekt. Wenn man zum Beispiel mal den Tafeldienst vergisst, ist das nicht schlimm.

Kerem: Doch! Denn der Klassensprecher muss ein Vorbild sein. Sonst könnten ja gleich alle auf die Regeln pfeifen und beispielsweise im Unterricht einfach essen!

Mia: In der Klasse sind wir doch alle für uns selbst verantwortlich. Deshalb brauchen wir nicht unbedingt ein Vorbild. Die Klassensprecher müssen sich nicht immer an alle Regeln halten. Sie haben viel wichtigere Aufgaben. Sie sollten sich für ihre Klasse einsetzen, zum Beispiel wenn es ein Problem mit einem Lehrer gibt.

2 Was sagen Kerem und Mia?

a Markiere die wichtigsten Aussagen in jedem Absatz.
Finde diese Textstellen:
- Sie sollte sich immer an die Regeln halten. Sie ist der „Boss".
- Ich finde, Klassensprecher müssen nicht immer Vorbilder sein.
- Wir sind alle für uns selbst verantwortlich. Wir brauchen kein Vorbild.
- Die Klassensprecher sollen sich lieber für die Klasse einsetzen.

b Wem stimmst du zu?
Wähle Satzanfang A oder B.
Schreibe einen Satz in dein Heft.
A Ich bin der gleichen Meinung wie Kerem, denn ….
B Ich stimme Mia zu, weil …

c Welche Beispiele führen Kerem und Mia an?
Tipp: Beispiele erkennt ihr an den Signalwörtern zum Beispiel oder beispielsweise.
Schreibe in dein Heft.
Kerem:
Mia:

Auf Argumente eingehen

1 Lies den Klassenchat.

Chats Klassenchat

ONLINE 63 %

Luca: Hey! Ist euch mal aufgefallen, dass in letzter Zeit voll viel geflucht wird hier im Klassenchat? Ich bin dafür, dass man pro Fluch einen Euro in die Klassenkasse tun muss. 16:03

Hilal: Wir sind doch hier nicht in der Schule. Ich will wenigstens im Chat reden, wie ich Bock hab! Deshalb ist so eine Fluchkasse meiner Meinung nach voll unnötig! ☹ 16:08

Marco: Mich nervt das viele Fluchen auch. Deshalb finde ich so eine Fluchkasse mega! Dann wäre unsere Klassenkasse auch endlich mal wieder voll. ☺ 16:14

Shewin: Ich find das keine so gute Idee, weil viele nicht so viel Taschengeld bekommen. 16:20

Luisa: Da hast du recht, Shewin! Ich fände eine Fluchkasse aber trotzdem gut, denn schließlich muss man ja nicht fluchen, dann zahlt man auch nichts. Außerdem sollten wir uns das Fluchen insgesamt ganz abgewöhnen und höflicher miteinander sprechen, zum Beispiel bei Gruppenarbeiten und in der Pause. 16:29

2 In dem Klassenchat geht es um das Fluchen und den Gebrauch von Schimpfwörtern. Beantworte die Fragen in deinem Heft.

A Um was geht es Luca?
Hier im Klassenchat wird in letzter Zeit …

B Was schlägt Luca vor?
Ich bin dafür, …

C Wer stimmt Luca zu und wer nicht?
Zustimmung: …
Keine Zustimmung: …

3 Wie ist deine Meinung zu einer Fluchkasse? Bist du dafür oder dagegen? Wähle aus. Schreibe in dein Heft. Begründe deine Meinung.
Ich bin für/gegen eine Fluchkasse, denn …

Gründe dafür:
… manche stört das Fluchen. • … höfliche Sprache ist wichtig.
Gründe dagegen:
… ich will wenigstens im Chat reden, wie ich will. • … viele bekommen nicht so viel Taschengeld.

An andere appellieren

1 **a** Sieht es in eurer Klasse auch manchmal so aus? Berichtet darüber.
b Was kann man gegen Unordnung im Klassenraum tun? Sammelt Ideen.

2 Deine Mitschülerinnen und Mitschüler sollen im Klassenraum ordentlich und respektvoll mit dem Eigentum anderer umgehen.
Fordere sie dazu auf.
Bilde dafür einen Satz mit einem **Argument** aus dem Kasten.
Wähle auch ein passendes **Beispiel.**
Schreibe in dein Heft.

Argumente: Lernatmosphäre • Konzentration • Rücksicht nehmen • Respekt zeigen • respektvoll gegenüber Reinigungskräften sein • vorbildliches Verhalten einüben
Beispiele: Müll in Ecken statt im Mülleimer • Poster abgerissen • fühle mich unwohl

Nehmt Rücksicht! Die ? ist viel besser, wenn nicht ? !

3 Erstellt zu zweit oder zu dritt einen Aufruf für die Schulwebseite.
Fordert auf, respektvoll mit fremdem Eigentum und dem Klassenraum umzugehen.
Formuliert kurze Aufforderungssätze.

Seid respektvoll! Sorgt für Ordnung im ? !
Behandelt ? !
Haltet ? sauber!

1 Lies den Dialog.

Alina: Jetzt wurde ich schon wieder beim Kaugummikauen erwischt. Ich verstehe nicht, warum das überhaupt verboten ist!

Hasan: Ich finde das Verbot auch nicht gut, denn durchs Kaugummikauen kann man sich viel besser konzentrieren. Das wäre doch zum Beispiel bei Klassenarbeiten super.

Tim: Ich finde es schon gut, dass man nicht Kaugummi kauen darf, weil mich das Geschmatze nervt. Dabei kann ich mich nicht konzentrieren. Beispielsweise machen Luca und Sari auch immer so eklige Blasen mit ihrem Kaugummi.

Alina: Ist doch egal! Ich find das Verbot trotzdem voll mies.

Hasan: Man könnte doch verabreden, dass man nicht schmatzen darf. Denn dann könnten diejenigen, die es wollen, still Kaugummi kauen. Keiner würde sich gestört fühlen.

Tim: Da hast du zwar recht, ich bin aber trotzdem für das Verbot. Es ist einfach unhöflich, wenn man beim Sprechen einen Kaugummi im Mund hat.

2 Wie sprechen Alina, Hasan und Tim miteinander?

a Kreise die richtigen Buchstaben ein.

Alina …	
ist für ein Kaugummiverbot.	D
ist gegen ein Kaugummiverbot.	B
Hasan …	
sagt seine Meinung nicht.	P
stimmt Alinas Meinung zu und nennt ein Beispiel.	L
Tim …	
ist für das Kaugummiverbot.	A
ist gegen das Kaugummiverbot.	F
Hasan …	
geht nicht auf das ein, was Tim sagt.	H
schlägt einen Kompromiss vor, sodass beide Seiten zufrieden sind.	S
Tim …	
gibt Hasan recht und nennt ein weiteres Argument für seine Meinung.	E
sagt gar nichts zum Thema Kaugummi.	A

b Schreibe die markierten Buchstaben auf die Linien. Sie ergeben ein Lösungswort.

____

das und dass richtig schreiben

1 a Lies die Sätze.
b In welchem Satz kann man das markierte Wort mit **welches** ersetzen? Unterstreiche das Wort.

A Ihr habt sicher mitbekommen, dass bestimmte Kleidungsstücke in der Schule verboten werden sollen.

B Dieses Verbot, das ab Februar gelten soll, wollen wir verhindern.

Probe: Lies dir den Satz halblaut vor und ersetze **dass/das** durch das Wort **welches.**
Prüfe: Hört sich der Satz richtig an?
Falls ja, ist es ein Relativpronomen (mit **einem** s) **das.**

2 a Lies die Sätze.
b Mache die Probe mit **welches.** Verwende das richtige Wort **das** oder **dass.**
Umkreise farbig das richtige Wort.
Streiche das falsche Wort durch.

Ein Oberteil, das/dass den Bauchnabel nicht bedeckt, findet unsere Schulleitung unpassend.
Sie findet auch ein Käppi unpassend, das/dass in der Klasse getragen wird.
Auch die Lehrkräfte möchten, das/dass sich alle an die Kleiderordnung halten.
Wir fordern, das/dass wir über unsere Kleidung selbst entscheiden dürfen!

c Schreibe die Sätze richtig in dein Heft.

3 a Lies den Aufruf.
b Mache die Probe mit **welches.** Verwende das richtige Wort **das** oder **dass.**
Umkreise farbig das richtige Wort.
Streiche das falsche Wort durch.

Wir denken, dass/das die Kleiderregel Probleme mit sich bringt.
Woher weiß man, ob das Top, dass/das eine Schülerin trägt, nur sehr kurz oder schon bauchfrei ist?
Es ist klar, dass/das den Lehrkräften nicht egal ist, wie wir uns kleiden.
Wir lehnen ein Verbot ab. Wir schlagen aber vor, dass/das wir in Zukunft genauer überlegen, was wir in der Schule tragen.

c Schreibe den Aufruf richtig in dein Heft.

Nebensätze mit das und dass unterscheiden
Bei Begründungen nutzt man häufig die **Konjunktion dass.**
Diese kann man leicht mit dem **Relativpronomen das** verwechseln.
Kann man **welches** benutzen, schreibt man **das.**
Achtung: Vor der **Konjunktion dass** und vor dem **Relativpronomen das** steht ein Komma.

3 Sport und Spiel – Informieren und referieren

1 Seht euch die Fotos mit den Trendsportarten an.
Welche erkennt ihr?

das Mountainbiking (das Fahren mit dem Mountainbike) • das Bubble-Fußball (Teilnehmerinnen und Teilnehmer haben aufblasbare Kugeln über ihrem Oberkörper und spielen Fußball) • das Klettern • das Stand-up-Paddling (auf einer Art Surfbrett im Stehen paddeln)

2 Habt ihr bereits einmal eine Trendsportart ausprobiert?
Berichtet davon.

Ja, ich habe schon einmal …

Noch nicht, aber ich würde gerne …

1

2

Blobbing ist ein Sport für zwei bis drei Personen und ein Sprungkissen (den Blob).
Ein Sprung auf das eine Ende des im Wasser liegenden Luftkissens schleudert die Person am anderen Ende hoch in die Luft und ins Wasser.

3

Der Blob darf nur an Stellen benutzt werden, die eine Wassertiefe von mindestens zweieinhalb Metern vorweisen können. Außerdem sind eine Schwimmweste und ein Helm Pflicht.

4

Also das Beste am Blobbing ist, wenn du in die Luft fliegst. Dagegen ist Trampolinspringen nichts.

5

1 **a** Sieh dir die Bilder auf den Seiten 48 und 49 an.
b Lies die Texte.

2 Ordne den Bildern und Texten eine passende Überschrift zu.
Schreibe die Ziffern in die Kästchen.

1	Die Bewegungsabläufe beim Blobben
	Wie funktioniert das Blobben?
7	Das Schaubild
	Die Sicherheitshinweise
	Das Beste
5, 6	Die Beispielfotos

6

das Mindestalter: 12 Jahre

7

bis zu fünf Meter hoch

der Blob: zehn Meter lang, drei Meter breit

3 Bereite einen Minivortrag über Blobbing vor.
Ergänze die Notizen mit Hilfe der Bilder und Texte.

– 2 bis 3 Personen

– Sprungkissen (der Blob)

– eine Person springt, eine andere wird in die Luft geschleudert

– Wassertiefe von 2,5 Meter ist Voraussetzung

– Schwimmweste, ______________________________

– besser als Trampolinspringen

– Sprunghöhe: ______________________________

– Größe des Blobs: ______________________________

– Mindestalter: ______________________________

4 Informiere die anderen mit einem Minivortrag über den Trendsport **Blobbing.**
Nutze dazu deine Notizen.
Beginnen kannst du so:

> Ich möchte euch die Sportart Blobbing vorstellen.

Einen Informationstext über die Sportart Slacklining schreiben

An eurer Schule soll Slacklining* als neue Sport-AG für die 7. Klassen angeboten werden. Deshalb sollt ihr für andere Schülerinnen und Schüler einen Informationstext darüber schreiben.
Ihr sollt schreiben, was Slacklining ist, wie man diesen Sport ausübt und was Slacklining vom Seiltanzen unterscheidet.

* sprich: Släkleining

1 Lies zuerst das Interview.

1

Interview mit einem Profi-Slackliner

Frage: Slacklining – was ist das überhaupt?

Profi: [...] Dazu muss man ein Band (die Slackline) zwischen zwei Bäumen spannen und versuchen, darauf zu balancieren. Das ist nicht so einfach, da man auf der Slackline ziemlich stark wackelt.

Frage: Und was genau ist eine Slackline?

Profi: Die Slackline ist das Band aus Kunstfasern [...]. Der Begriff stammt aus dem Englischen und bedeutet „lockere" (slack) „Schnur" (line). Die Slackline gibt es in verschiedenen Breiten und Farben. [...] Das Band wird recht stark gespannt und dehnt sich unter dem Gewicht der Slacklinerin oder des Slackliners. Beim Balancieren muss man das Gleichgewicht halten und die Schwingungen ausgleichen. Das ist nicht so einfach. [...]

Frage: Welche Line würden Sie für den Anfang empfehlen?

Profi: Eine 8 bis 10 Meter lange Line auf Kniehöhe ist für den Anfang völlig ausreichend. Sie höher zu hängen, wäre zu gefährlich. [...]

Frage: Welchen Tipp würden Sie einem Slacklining-Anfänger geben?

Profi: Ganz am Anfang muss man einfach ausprobieren. Freunde oder Eltern können mit einer Hand stützen. [...] Man guckt am besten auf einen festen Punkt geradeaus und nicht nach unten. Den Oberkörper gerade halten und die Arme seitlich ausstrecken. Und die Füße nicht zu weit nach außen drehen. Das Wichtigste ist: üben und nicht aufgeben! V

2 Beantworte die vier Fragen im Heft.
Tipp: Achte auf die markierten Textstellen.

A Was macht man beim Slacklining?
B Was ist eine Slackline?
C Welche Line eignet sich für Anfänger?
D Welche Tipps sollten Anfänger beachten?

3 Wie übt man die Sportart **Slacklining** aus?
Erklärt dies einer Partnerin oder einem Partner.
Nutzt dazu eure Notizen aus Aufgabe 2.

> Also, das Slacklining ist eine Sportart, bei der …

4 Text 2 ist ein Lexikonartikel*.

a Lies den Text.

* Im Lexikon kannst du verschiedene Begriffe nachschlagen und findest dazu eine Erklärung.

2

Seiltanzen

Laufen, Tanzen oder Akrobatik auf einem straff gespannten Drahtseil. Im Zirkus beträgt die Höhe 8 bis 10 Meter. Im Freien können es über 100 Meter sein. Hochseilläufer benutzen eine bis zu 20 Meter lange Stange, die das Balancieren erleichtert. Manche Artistinnen und Artisten balancieren auf kurzen Seilen auch freihändig. [...] Auf dem Seil können auch Radschläge, Spagat oder Sprünge gemacht werden [...]. Die Ausbildung zur Seiltänzerin oder zum Seiltänzer dauert bis zu 4 Jahre. V

b Was bedeuten die markierten Begriffe aus dem Text?
Verbinde die Begriffe jeweils mit der richtigen Erklärung.

die Akrobatik	dabei spreizt man die Beine (zu einer Linie)
das Balancieren	die Künstlerinnen und Künstler
die Artistinnen und Artisten	sich im Gleichgewicht halten
der Spagat	eine Sportart, bei der geschickte körperliche Bewegungen ausgeübt werden

5 Vergleiche **Seiltanzen** und **Slacklining** miteinander.
Ordne die beiden Aussagen zu.
Findest du noch mehr Gemeinsamkeiten oder Unterschiede? Trage sie ein.

Eine Slackline ist dehnbar, aber ein Drahtseil ist nicht dehnbar. •
Man balanciert auf einem Seil oder Band.

Gemeinsamkeiten: ______

______

______

______

Unterschiede: ______

______

______

______

Den Informationstext planen

6 Plane deinen Informationstext über das Slacklining.

a Die folgenden Fragen helfen dir dabei. Vervollständige die Fragen.

A Was ist überhaupt Slacklining?

B Wo kann man ______?

C Was trainiert man ______?

D Was muss man dabei beachten?

E Wie unterscheidet sich Slacklining vom ______?

b Beantworte die Fragen in Stichpunkten.

A ______

B ______

C ______

D ______

E ______

Den Informationstext schreiben

1 **Einleitung:** Warum schreibst du den Text?
Worüber schreibst du den Text?
Lies die Einleitung.

An unserer Schule wird Slacklining als neue Sport-AG für die 7. Klassen angeboten. Deshalb möchte ich euch über diese Sportart informieren.

2 **Hauptteil:** Was ist Slacklining? Vervollständige die Sätze.

Bäumen • Band • Gleichgewicht • Arme • Kunststoff • vorne

Beim Slacklining balanciert man auf einem ______________________,

das zwischen zwei ____

gespannt wird.

Eine Slackline ist ein Band aus ________________________________.

Beim Balancieren muss man das ________________________________

halten.

Dabei sollte man seine ______________________ ausbreiten und

nach ______________________________________ gucken.

3 **Ergänzung Hauptteil:** Wie unterscheidet sich Slacklining vom Seiltanzen?
Vervollständige die Sätze.

Drahtseil • Seiltanzen • Stange

Viele verwechseln Slacklining mit __________________________,

weil man bei beiden Sportarten auf einem Seil oder Band balanciert.

Allerdings wird beim Seiltanzen auf einem ____________________

balanciert und oft eine ______________________________________

benutzt, um das Gleichgewicht zu halten.

4 **Schluss:** Schreibe eine Empfehlung für das Slacklining.

Getränke • Geduld • Geld • einzupacken • mitzubringen • abzuheben

Slacklining ist eine tolle sportliche Aktivität.

Ich empfehle allen, die es ausprobieren möchten,

__________________________ __________________________.

Zu Funsportarten im Internet recherchieren und referieren

Crossboule

BMX-Rad fahren

1 Ihr plant ein Klassenfest. Welche Funsportarten würdet ihr gerne gemeinsam ausprobieren?
Sprecht darüber.

Ich würde gerne Crossboule* ausprobieren.

Ich hätte Lust, mit dem BMX-Rad zu fahren.

* sprich: Krossbuhl

2 **a** Bildet Gruppen, um einen Kurzvortrag vorzubereiten.
b Macht euch Gedanken zu der Sportart **Skateboard-Fahren.** Was wisst ihr darüber? Tauscht euch aus.

3 Recherchiert** im Internet nach Informationen über das Skateboard-Fahren.
a Öffnet dazu die Seiten **klexikon.zum.de** und **blinde-kuh.de.**
b Gebt im dortigen Suchfeld das Wort **Skateboard** ein.
c Beantwortet die Fragen A bis D in Stichpunkten.

** herausfinden, sich informieren

A Was genau ist ein Skateboard? ____________________

____

B Was kann man mit dem Skateboard machen? ____________________

____

C Wann und von wem wurden Skateboards erfunden? ____________________

____

D Welche Arten von Skateboards gibt es? ____________________

____

4 Ergänzt mit Hilfe des Textes auf der Seite 58 die Antworten zu den Fragen **A, B, C** und **D.**

Einen Kurzvortrag vorbereiten, halten und bewerten

1 **a** Lies den Text über das Skateboard und das Skateboard-Fahren.

Das Skateboard und das Skateboard-Fahren

Ein Skateboard ist ein Sportgerät und wird skeht-bord ausgesprochen.

Es besteht aus einem Brett mit Rädern unten dran. Man kann damit einfach nur fahren oder auch verschiedene Kunststücke machen, zum Beispiel in die Luft oder über Hindernisse springen.

Skateboards wurden in den Jahren nach 1950 in den USA erfunden.

Surfer suchten eine Abwechslung für Tage, an denen es zu wenig Wellen zum Surfen gibt. Also schraubten sie Räder unter ihre Surfbretter und fuhren damit auf der Straße. Seit etwa 1980 wurde das Skateboard-Fahren immer beliebter unter Kindern und Jugendlichen, vor allem in den großen Städten.

Inzwischen gibt es sogar Weltmeisterschaften und „Skater", die mit ihrem Sport Geld verdienen. In vielen Städten gibt es eigene Skateboard-Anlagen mit Hindernissen. Oft machen Skater ihre Kunststücke aber auch einfach auf Straßen und Plätzen oder in Parks.

Es gibt verschiedene Arten von Skateboards. Die meisten Skateboards sind vorn und hinten nach oben gebogen, damit man besser springen kann.

Longboards sind besonders lang und eignen sich besonders zum schnellen Fahren. Neuer sind „Waveboards", sprich wehf-bords. Sie bestehen aus zwei beweglichen Teilen, die man mit den Füßen hin und her bewegen kann, um voranzukommen.

b Bereitet mit Hilfe eurer Arbeitsergebnisse der Seite 57 einen Kurzvortrag über das Skateboard-Fahren vor.
- Tragt die Informationen zusammen, die ihr gefunden habt.
- Prüft, ob noch Informationen fehlen. Ergänzt diese.

2 Plant euren Kurzvortrag.

a **Einleitung:** Worum geht es? Wie könnt ihr das Interesse der Zuhörer wecken? Ergänzt die folgende Einleitung.

Wir möchten euch heute über die Sportart „Skateboard-Fahren" informieren.

Wir haben interessante Informationen dazu ______________________ gefunden.

b **Hauptteil:** Sortiert eure Informationen. Ergänzt die Satzanfänge.

1. Ein Skateboard ist ein Brett mit ______________________.

2. Mit dem Skateboard kann man einfach fahren oder ______________________.

3. Es gibt verschiedene Arten von Skateboards, zum Beispiel: Longboards oder ______________________

______________________.

4. Erfunden wurde es von Surfern in den USA in den Jahren ______________________.

5. Außerdem gibt es sogar Weltmeisterschaften im Skateboarden. ______________________

Und es gibt Skateboarder, die berühmt sind für ihre ______________________.

c **Schluss:** Könnt ihr eine Empfehlung abgeben? Ergänzt den Satzanfang.

Wir empfehlen euch, das Skateboarden unbedingt auszuprobieren, denn ______________________

______________________.

3 **a** Gestaltet ein Plakat oder eine Computerpräsentation. So könnt ihr während des Vortrags auch Abbildungen zeigen.

b Schreibt den Text leserlich auf Karteikarten.

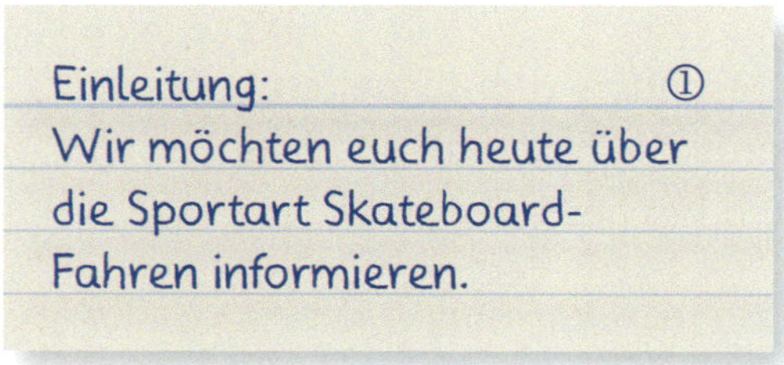

4 Trainiert euren Vortrag in der Gruppe. Gebt euch gegenseitig Tipps. Achtet unbedingt auf folgende Punkte:

- Übt, flüssig und deutlich zu sprechen.
- Haltet Blickkontakt zu den Zuhörerinnen und Zuhörern.
- Sprecht deutlich und nicht zu schnell.
- Zeigt an den passenden Stellen auf das Plakat oder die Computerpräsentation.

4 Mode im Wandel der Zeiten – Beschreiben und erklären

1 Die Personen auf dem Foto tragen außergewöhnliche Kleidung. Beschreibt die Outfits (die Kleidung) der beiden Personen.

– Verwendet passende Adjektive.

knallrot • hellblau • türkis • bunt • samtig • auffallend • lustig • verrückt

– Verwendet passende Vergleiche.

wie ein Rohr • wie eine Sanduhr • wie aus einer anderen Welt • wie ein Karnevalskostüm • wie Werbung für eine Modemesse

Die knallrote Kopfbedeckung sieht aus …

Der hellblaue Mantel sieht aus …

Die … Hose …

die Strumpfhose • das Minikleid • ärmellos •
die schmale Anzughose • der schmale Schlips •
das gemusterte Haarband • das weiße Herrenhemd •
die auffälligen Spangenschuhe • das grafische Muster •
die Farben • die strenge Form • …

1 a Sieh dir die Bilder auf beiden Seiten an.

b Aus welchen Jahren ist die Kleidung? Ergänze.

1960er-Jahren • 1970er-Jahren • 1980er-Jahren • 1990er-Jahren • 2020er-Jahren

- [ ] Die junge Frau mit den gelben Schuhen trägt Kleidung aus den ______.
- [ ] Der junge Mann mit der weiten Hose trägt Kleidung aus den ______.
- [ ] Das Pärchen mit dem Schirm trägt Kleidung aus den ______.
- [ ] Die drei Mädchen mit den bunten Strumpfhosen tragen Kleidung aus den ______.
- [ ] Der junge Mann mit der grauen Mütze trägt Kleidung aus den ______.
- [ ] Die junge Frau mit der schwarzen Handtasche trägt Kleidung aus den ______.

c Welche Kleidung auf den Bildern findest du besonders interessant? Suche dir eine Person aus. Kreuze an.

die 1990er-Jahre

die Schlaghose • das karierte Hemd • die kleine Sonnenbrille • die Baseballkappe/Basecap • die Neonfarbe • die weite Hose • das T-Shirt mit Aufdruck • das bauchfreie Oberteil • die Plateauschuhe • …

die 2020er-Jahre

die Leggings • der Oversize-Pullover • die Skinny-Jeans • der Computerprint • der Hoodie • das Sweatshirt • das Ringelshirt • die natürlichen Farben • die Boots • die Beanie • …

Und ihr?

2 Beschreibe diese Person und ihre Kleidung.
Schreibe mindestens fünf Sätze in dein Heft.
Tipp: Nutze dabei die Wortkästen.

Verben:
trägt • präsentiert • führt vor • zeigt • tritt auf in • ist gekleidet in • hat an • ist bekleidet mit

Adjektive:
bunt • weit • schmal • gemustert • gestreift • langweilig • verwaschen • kniehoch • kurz • lang • modisch • außergewöhnlich • flippig • elegant • unmodern • verrückt • auffallend

Beispielsätze:
Die junge Frau trägt ein gemustertes Kleid und …
Ihre Schuhe sind …
Ihre Kleidung sieht … aus.

3 Welche Kleidung tragt ihr am liebsten?
Tauscht euch darüber aus.

Personen, Bilder beschreiben und erklären

Eine Person beschreiben

1 In ihrem Blog* stellt die Bloggerin Lilia regelmäßig Modetrends vor. Sieh dir das Bild von Lilia an.

* ein digitales Tagebuch

2 Was trägt Lilia?
Wähle die richtigen Begriffe aus. Schreibe sie auf die Linie.

große Sonnenbrille • schwarze Skinny-Jeans • weißer Klettverschluss • große Lesebrille • rote Wideleg-Jeans • weiße Schnürsenkel • rote Lederjacke • graues Basecap • rote Pelzjacke • graue Mütze – Beanie • rotblau gestreiftes Hemd • dunkle Stiefel • rotblau kariertes Hemd • dunkle Sportschuhe

3 Beschreibe die Person.

a Wie alt könnte Lilia sein?
Ergänze den **Einleitungssatz.**

Die Bloggerin Lilia ist ungefähr ____________ Jahre alt und ungefähr 1,75 Meter groß.

b Schreibe den **Hauptteil.**
Beschreibe die Person von oben nach unten.
Ergänze die Sätze. Nutze die Angaben im Wortkasten.

große Sonnenbrille • rot • blau • schwarzes Skateboard • Skinny-Jeans • Lippenstift • rote Lederjacke • welligen Haare • graue Mütze • Hemd • dunklen Sportschuhen • Hosentasche • lässig • Schnürsenkeln

Ihr Gesicht ist kaum zu sehen, weil sie eine ______________________________ trägt.

Auf dem Kopf sitzt eine ______________________________.

Darunter kommen ihre ______________________________ hervor.

Außerdem hat sie einen roten ______________________________ aufgetragen.

Besonders auffällig ist die ______________________________.

Sie trägt ein kariertes ______________________________.

Die Farben der Karos sind ______________ und ______________.

Lilia trägt eine schwarze ______________________________.

Die Füße stecken in ______________________________

mit weißen ______________________________.

In der linken Hand hält sie ein ______________________________.

Ihr Handy steckt in der ______________________________.

Sie steht ______________ und zeigt ihr Outfit selbstbewusst.

c Wie wirkt Lilia auf dich?
Schreibe den **Schlusssatz.**

sportlich • modern • selbstbewusst

____

______________________________.

Ein Bild mit einer Person beschreiben

1 **a** Sieh dir das Gemälde von Francisco de Goya* an.

b Was siehst du? Ordne die Wortgruppen richtig zu. Schreibe auf die Linien.

* ein Maler aus Spanien

drei Katzen • einen Vogelkäfig • eine Elster • einen roten Anzug • einen Jungen • eine Visitenkarte • eine glänzende Schärpe**

** breites Band

eine glänzende

Francisco de Goya (1746–1828):
„Don Manuel Osorio Manrique de Zuñiga"
Öl auf Leinwand ca. 1788

c Wie wirkt das Bild auf dich? Formuliere deine Eindrücke.

frühere Zeiten • anderes Land • anderes Leben

Wenn ich das Bild betrachte, denke ich an ______

______

______.

kühl • festlich • teuer • wie gestellt • anders als heute

Das Bild wirkt auf mich ______

______

______.

2 Beschreibe das Bild.

a Schreibe die **Einleitung.** Ergänze die Sätze.
Tipp: Unter dem Bild stehen Informationen.

Das Bild des Malers ______________________________

stammt aus dem 18. Jahrhundert. Es hat den Titel „Don Manuel Osorio Manrique de Zuñiga".

Das Bild ist mit ______________ gemalt.

Es zeigt ein Porträt des jungen ______________________________.

b Schreibe den **Hauptteil.** Ergänze die Sätze.
Tipp: Nutze die Ergebnisse von Seite 74, Aufgabe 1 b.

In der Mitte des Bildes sieht man ______________________________.

Rechts neben den Füßen des Jungen befinden sich drei Katzen.

Links neben Don Manuel steht ______________________________.

Vor ihm auf dem Boden ist ______________________________.

Sie hat ______________________________ im Schnabel.

Der Junge trägt einen kostbaren ______________________________ mit einer

______________________________.

c Welche Stimmung gibt das Bild wieder?
Schreibe den **Schluss.**
Tipp: Lies nach bei Aufgabe 1 c auf der vorigen Seite.

____

____

____

______________________________.

Ein Bild beschreiben
Einleitung: Nenne den **Titel, die Künstlerin oder den Künstler, die Maltechnik** und den **Bildinhalt.**
Hauptteil: Beschreibe 1. den **Aufbau,**
2. das **zentrale Bildmotiv** (Bildinhalt),
3. die **Einzelheiten.** Beschreibe in einer **Reihenfolge.**
Schluss: Beschreibe die **Stimmung** des Bildes.
Schreibe im **Präsens** (Gegenwart).

Beschreibungen in einem Jugendbuch untersuchen

1 a Lies den Ausschnitt aus einem Jugendbuch.

Stefanie Höfler

Mein Sommer mit Mucks – Teil 1

Es sind Sommerferien. Die dreizehnjährige Zonja hat keine besonders große Lust auf die Ferien. Es passiert einfach viel zu wenig.
Um der Langeweile zu entgehen, nimmt sie sich vor, jeden Tag ins Freibad zu gehen. Sie liebt es, Menschen zu beobachten.

[…] Heute […] ist nicht viel los außer ein paar uralten Männern […] und zwei Müttern mit zwei ungefähr dreijährigen Jungen, die am Rand hängen wie kleine Bisamratten* mit neonorangen Flügeln. Und da steht noch einer am Beckenrand. Ein Junge, dünn und groß wie die frisch gepflanzten Birken vorm Friedhof und auch genauso weiß. Mit grasgrüner Badehose und rotblonden Haarsträhnen, die wild vom Kopf abstehen. Aber die Haare sind nicht das Einzige, was vom Kopf absteht. Solche Abstehohren habe ich noch nie gesehen. Es sieht aus, als hätte er zwei kleine untergehende Sonnen seitlich an seinem Kopf befestigt. Mit diesen Leuchtohren und seiner merkwürdigen Statur* sieht er aus wie ein Außerirdischer, der gerade mit seinem Raumschiff mitten im Freibad gelandet ist. Auf seinem linken Schulterblatt hat er einen großen blauen Fleck. […] Mal sehen, ob er Kopfsprung kann. Aber dann, dann geht alles plötzlich ganz schnell: Aus dem Nichts tauchen die zwei kleinen Bisamratten auf. Sie spielen Verfolgungsjagd um das Becken. Die eine rutscht auf dem nassen Boden aus und hält sich für einen Augenblick an der Badehose der Birke fest, bevor sie weiterläuft. Die Birke schwankt, verliert das Gleichgewicht und purzelt wenig elegant ins Wasser. Dort schlägt die Birke um sich und strampelt wie ein wild gewordener Pudel*** und beruhigt sich auch gar nicht mehr. Irgendwie sieht das nicht aus wie Spaß. […] V

* eine Nagetierart

** der Körperbau

*** eine Hunderasse

b Beantworte die beiden Fragen zum Text in Stichpunkten.

A Wann spielt die Geschichte?

____

B Warum beobachtet Zonja die anderen Badegäste?

____

2 **a** Wie beschreibt Zonja den Jungen am Beckenrand?
Tipp: Lies in den Zeilen 4 bis 12 noch einmal genau.

b Schreibe passende Adjektive aus dem Text zu den Angaben.

der Körperbau: ______

die Haare: ______

die Ohren: ______

das Schulterblatt: ______ Fleck

die Badehose: ______

3 Der Text enthält mehrere Vergleiche, um die Figuren noch genauer zu beschreiben. Ergänze zu jedem Foto den Satz aus dem Text.

Ein Junge, dünn ______.

Dort schlägt ______.

1 Lies einen weiteren Textausschnitt.

Stefanie Höfler

Mein Sommer mit Mucks – Teil 2

Zonja und Mucks, wie der Junge aus dem Schwimmbad heißt, freunden sich an. Zonja ist überzeugt, dass Mucks, der eigentlich Fabian heißt, ein echter Freund werden könnte. Doch ihr fällt auf, dass er hin und wieder seltsame Dinge tut.

[…] Am späten Nachmittag ziehen große, dunkle Wolken auf. Wir können uns gerade noch unter das Vordach des Kiosks retten, bevor dicke Regentropfen aus ihnen hervorbrechen wie eine Explosion, die innerhalb von Sekunden das Freibad von den kreischend davonrennenden Besuchern räumt […]. Am Beckenrand stolpert der Bademeister über eine Plastikente und schlittert fluchend mit seinem Kugelbauch drei Meter auf dem nassen Fliesenboden vorwärts. Als wir lachen, schickt er noch einen Fluch in unsere Richtung hinterher. Der Kioskmann beeilt sich, seine Chips und Gummibärchen in Sicherheit zu bringen, während ich in den dichten, silbrigen Vorhang aus Tropfen hineinschaue, der auf die nassen Steinplatten prasselt. […] Mucks, der regungslos neben mir steht […], nimmt plötzlich Anlauf und stürzt mitten hinein in den Regen. Der Kioskmann und ich schauen entgeistert zu, wie der große, spindeldürre Junge sich im Wasserfall aus Regen dreht und auf und ab hüpft. […] Mucks jauchzt dabei und winkt mir wild zu […]. V

2 Wie wird das Verhalten der Figuren beschrieben, als der Regen beginnt?
Ergänze die Angaben zu den Figuren in deinem Heft.
Tipp: Die markierten Wörter und Wortgruppen helfen dir.

Zonja: lacht, …
die Freibadbesucher: rennen …
der Bademeister: stolpert …
der Kioskmann: beeilt sich, …
Mucks: lacht, …

5 „Pandora und der phänomenale Mr Philby" – Einen Jugendroman lesen

1 **a** Beschreibt das Bild.
Welche Orte seht ihr im Vordergrund und welche im Hintergrund?
b Wie wirkt das Bild auf euch? Beschreibt.
Nutzt die Wörter aus dem Kasten.

düster • schön • friedlich • geheimnisvoll • leer • fremd • spannend • gefährlich • romantisch

c Welchen Ort auf dem Bild würdet ihr gerne anschauen? Sprecht darüber.

Ich würde mir … anschauen.

2 Ein Jugendbuch spielt an diesem Ort.
Worum könnte es in dem Roman gehen?
Nutzt die Ideen aus dem Kasten.

ein Verbrechen • die Liebe • den Tod • die Eifersucht • das Geld

In dem Roman könnte es um … gehen.

1 **a** Lies den Klappentext.

Pandora und der phänomenale Mr Philby*

* sprich: Filbie

Noch nie hatte Pandora zu Beginn der Ferien so schlechte Laune. Das Hotel ihrer Mutter steht kurz vor der Pleite. Sie soll Babysitterin für den verwöhnten Ashley** spielen und [...] ihr bester Freund Zack verbündet sich mit dem undurchsichtigen Mr Philby. Mr Philby sagt, dass er Maler ist und hier in Cornwall einen magischen Baum finden möchte. Doch was sucht er wirklich? Etwa den Schatz des Ritters Camelot? Und dann liegt eines Tages ein Toter am Rand der Küste und Pandora hat einen schrecklichen Verdacht. V

** sprich: Äschleh

b Zu welcher Romanart könnte dieses Buch gehören?
Kreuze an.

- [ ] der Krimi
- [ ] die Liebesgeschichte
- [ ] der Abenteuerroman
- [ ] die Fantasy-Geschichte

2 **a** Betrachte die Figuren auf den Seiten 88 und 89.
b Lies dann die Beschreibung zu der jeweiligen Figur.
c Beantworte die Fragen unter dem Text.
Ergänze die Satzanfänge.

A „**Pandora** blieb oft im Garten unter der alten Kastanie sitzen und las oder zeichnete.
Sie hatte es ihrer Mutter noch nicht erzählt, aber nach dem Schulabschluss wollte sie Kunst studieren. [...]
Pandora war die Beste in Kunst [...]. Kunst war das Einzige, das ihr wirklich Spaß machte."

1 Welches Problem könnte die Figur haben?

2 Was möchte die Figur nach dem Abschluss machen?

Vielleicht möchte ihre Mutter nicht, dass Pandora

____

____

____

______________________________.

Die Figur wünscht sich, ______________ zu studieren.

B „**Zack** war immer in Bewegung, er konnte nicht stillhalten […]. Deshalb war auch die Schule für ihn eine Qual. […]
Zack […] wusste alles über König Artus und die Ritter der Tafelrunde."*

* König Artus ist eine berühmte Sagengestalt aus dem 6. Jahrhundert.
Die Fürsten seines Reiches waren zerstritten.
Deshalb lud er sie an einen runden Tisch ein (Tafelrunde).
Das war ein erster Schritt zum Frieden.

ZACK

3 Welches Problem könnte die Figur haben?

Wahrscheinlich hat die Figur Probleme in der ______________.

4 Worüber weiß die Figur alles?

Die Figur weiß alles über ______________________________

____.

C „Dieser **Ashley** war alles andere als gut aussehend. Er hatte abstehende Ohren und helle, ein wenig strähnige Haare. Alles an ihm war blass und farblos, bis auf seine Augen. Die waren tiefbraun, fast schwarz."

ASHLEY

5 Welches Problem könnte die Figur haben?

6 Was könnte sich die Figur wünschen?

Ich vermute, dass die Figur Probleme mit

____.

Vermutlich wünscht sich die Figur ______________________.

D „Phinnaeus Philby, wie immer im weißen Anzug mit Weste und Hut auf dem Kopf […].
Als er die Küstenwache erreicht hatte, blieb er stehen und schnaufte.
Dann zog er ein großes kariertes Taschentuch aus seiner Jackentasche und tupfte sich die Stirn ab."

MISTER PHINNAEUS PHILBY

7 Welchen Beruf könnte Phinnaeus Philby ausüben?

Ich könnte mir vorstellen, dass die Figur

____.

Auszüge aus einem Jugendroman untersuchen

Den Schauplatz eines Romans untersuchen

1 Lies den Romanauszug.

Sabine Ludwig

Pandora und der phänomenale Mr Philby (Auszug 1)

Travis war der Sohn des Busfahrers. Er saß wegen eines Raubüberfalls mehrere Jahre im Gefängnis. Nach seiner Entlassung fährt er sofort mit dem Zug nach Bodmin. Von dort aus fährt er mit einem Taxi zur Ruine der Kirche von St. Patrick's, die direkt an der Steilküste liegt.

„Sind Sie sicher, dass ich Sie da vorn rauslassen soll, Mister?" Der Taxifahrer fühlte sich etwas unbehaglich. […] Walter Hopkins fuhr seit vierzig Jahren Taxi und hatte schon einiges erlebt. […] Ja, Hopkins hatte Menschenkenntnis, er erkannte ein Gangstergesicht sofort. Und dieser Fahrgast hatte eines, auch wenn er jetzt seine Mütze tief ins Gesicht zog.

Hopkins hatte den Mann vor dem Bahnhof in Bodmin eingesammelt und sich gewundert, warum er nur einen offensichtlich leeren Rucksack bei sich trug. […] Aber was, um alles in der Welt, wollte er ausgerechnet hier? An der Ruine von St. Patrick's? Die sah schon bei Tageslicht nicht besonders friedvoll aus. Bei Einbruch der Dämmerung, während der Nebel vom Meer aufstieg, hätte der Umriss der Kirche den perfekten Hintergrund für einen Gruselschocker abgegeben. Wie ein gezacktes Mahnmal* ragte der ehemalige Glockenturm in den Himmel. Die bleiverglasten Fenster waren kaputt und zum Teil mit Brettern verschalt**, die schwarzen Mauern mit Graffiti beschmiert. Die Kirche gehört zu dem kleinen Dorf St. Patrick's Mead. Viele Bewohner hatten den Blitzeinschlag und das anschließende Feuer, bei dem sie zerstört worden war, als ein Zeichen des Himmels gewertet. […]

In Hopkins' Gedanken drang die unangenehme heisere Stimme seines Fahrgastes: „Ich hab gesagt, Sie sollen anhalten!" Er stieg auf die Bremse. […] Wortlos bezahlte der Fahrgast. Und ehe Hopkins etwas sagen konnte, hatte sein Fahrgast die Tür auch schon geöffnet und war ausgestiegen. Er gab Gas. Bloß weg hier. Hopkins glaubte nicht an Geister, aber wenn es irgendwo spukte, dann hier. Im Rückspiegel sah er, wie sein Fahrgast sich nach allen Seiten umsah, bevor er mit entschiedenen Schritten auf den Eingang der Kirche zuging. […] V

* Denkmal für ein trauriges Ereignis

** zugenagelt

2 a Wie wirkt der Schauplatz auf dich?
Ergänze den Satz. Nutze den Wortkasten.

düster • geheimnisvoll • ängstlich • wie eine unwirkliche Welt • wie eine verlassene Gegend • wie eine Szene aus einem Film

Der Schauplatz wirkt auf mich ______________________________

______________________________.

b Was für eine Stimmung erzeugt die Beschreibung des Ortes?
Ergänze den Satz. Nutze den Wortkasten.

düstere • gruselige • spannende • geheimnisvolle

Die Beschreibung des Ortes erzeugt eine ______________________________ Stimmung.

3 Der Schauplatz wird im Text in den Zeilen 10 bis 16 beschrieben.
Suche aus den Textstellen wichtige Beschreibungen.
Schreibe auf die Linien.

– schon bei Tageslicht nicht friedvoll

– Einbruch der Dämmerung, Nebel stieg auf

Der Schauplatz in einer Geschichte

- Der **Ort,** an dem eine Geschichte spielt, ist der **Schauplatz.**
- Der Schauplatz einer Geschichte kann ein **wirklicher** oder ein **erfundener Ort** sein, zum Beispiel: eine bestimmte Stadt, eine Landschaft oder ein Zauberreich.
- Schauplätze erzeugen eine bestimmte **Stimmung oder Atmosphäre** in der Geschichte. Ein dunkler Friedhof erzeugt beispielsweise eine düstere, geheimnisvolle Stimmung.
- Schauplätze können auch den **Charakter einer Figur** unterstreichen. Negative Figuren leben oder handeln beispielsweise meistens an dunklen Schauplätzen.

Den Erzähler eines Romans untersuchen

1 **a** Lies den Romanauszug.

Sabine Ludwig

Pandora und der phänomenale Mr Philby (Auszug 2)

Mr Philby erinnert sich an die Lebensgeschichten, die er erfunden hat, um reiche Frauen zu betrügen und Geld von ihnen zu erhalten. Dabei geht er zum Hotel Hawthorn Manor*. Es befindet sich in einem alten Gutshaus und gehört Pandoras Mutter Myrtle.

* sprich: Hahzohrn Mähnna

Philby grinste in sich hinein, als er an seine unterschiedlichen Lebensgeschichten dachte. [...] Das Hotel kam in Sicht. [...] Philby sah sich schon in dem gemütlichen Ohrensessel am Kamin sitzen. [...] Myrtle würde ihn liebevoll anlächeln und seine Wange küssen. [...]

Als er die Eingangshalle betrat, kam ihm Myrtle entgegen, aber nicht liebevoll lächelnd wie in seiner Vorstellung, sondern eher verärgert. [...] „Mr Philby, ich –“

„Phinnaeus, bitte, meine Verehrteste. War das eben die Polizei, die mich beinahe umgefahren hätte?“

„Allerdings. Es ging um den Toten, den man unten an den Klippen gefunden hat, und ...“ [...] Jetzt musste **er** sehr, sehr geschickt vorgehen.

„Sie hatten doch gestern Abend meinen Wagen, Phinnaeus, und vielleicht haben Sie bemerkt, dass auf der linken Seite das Fernlicht nicht funktioniert.“

„Habe ich nicht. Ich war nur unten in Port Arthur. [...] Ich wollte ins Flying Horse. [...] Ist das etwa verboten?“

Myrtle hob abwehrend die Hände. „Nein, nein, natürlich nicht. Es ist nur so, dass der Taxifahrer, der Travis an die Stelle gefahren hat, wo er dann verunglückt ist – “ „Travis?“

„[...] Sehr tragisch das Ganze. Der Tote stammt von hier. Travis Gregson. Der Sohn des Busfahrers. Er saß längere Zeit im Gefängnis und ist gestern wohl entlassen worden. Seltsamerweise hat er sich nicht zu seinen Eltern fahren lassen, sondern ist an der Ruine von St. Patrick's ausgestiegen. [...] Die Polizei geht davon aus, dass er dort die Beute aus einem Banküberfall suchen wollte“, sagte Myrtle.

Philby riss erstaunt die Augen auf. „Ein Bankraub? Phänomenal**! Ich verstehe trotzdem nicht, was Ihr kaputter Scheinwerfer damit zu tun hat, Myrtle.“ V

** einzigartig

b Warum ist Pandoras Mutter Myrtle so ärgerlich und beunruhigt?
Schreibe einen Satz.
Tipp: Was hat sich Mr Philby von Myrtle ausgeliehen?

2 Wer ist Phinnaeus Philby? Ergänze die Sätze.
Tipp: Lies den Vorspann und die Zeilen 1 bis 4.

Phinnaeus Philby erinnert sich an seine **Vergangenheit.**

Er hat reiche Frauen betrogen, um ______________________________

______________________________.

Er stellt sich seine **Zukunft** vor. Er sieht sich in dem ______________________________

______________________________.

3 Wer erzählt die Geschichte?

a Ist die Geschichte in der **Ich-Form** geschrieben?
Kreuze an.
Tipp: Lies Zeile 1.

☐ Ja ☐ Nein

b Ist die Geschichte in der **Er-/Sie-Form** geschrieben?
Kreuze an.
Tipp: Lies die Zeilen 1 bis 4, 11.

☐ Ja ☐ Nein

Die Erzählerin oder der Erzähler einer Geschichte

- Die Person, die die Geschichte erzählt, nennt man Erzählerin oder Erzähler. Sie ist von der Autorin oder dem Autor erfunden. Sie ist die Erzählfigur.
- Eine **Ich-Erzählerin oder ein Ich-Erzähler** kommt selbst in der Handlung der Geschichte vor. Sie oder er erzählt die Geschichte so, dass sich die Erinnerungen an die anderen Figuren und Ereignisse mit den eigenen Gedanken und Gefühlen vermischen.
- Ein **Er-/Sie-Erzähler** kommt nicht selbst in der Geschichte vor. Wenn dieser Erzähler die Gedanken und Gefühle aller Figuren kennt und über deren Vergangenheit und Zukunft Bescheid weiß, nennt man ihn einen **allwissenden Erzähler.**

Eine Figur charakterisieren

1 Lies den Romanauszug.

Sabine Ludwig

Pandora und der phänomenale Mr Philby (Auszug 3)

Pandoras bester Freund Zack ist verschwunden. Zacks Mutter dachte, er würde bei Pandora übernachten. Pandora will Zack suchen. Dabei wird sie von Ashley überrascht, der seine Ferien im Hotel verbringt.

Pandora legte den Hörer auf. Sie ging zum Eingang und öffnete die Tür.

Kein Zack weit und breit. […]

„Willst du noch weg?" Ashley stand im rot karierten Schlafanzug mit seinen albernen Entenschnabelpantoffeln vor ihr, die Teekanne in der Hand.

Er sah so lächerlich aus, dass Pandora beinahe gelacht hätte. […]

„Zieh dich bitte an, wir machen einen Ausflug."

„Jetzt?", fragte Ashley entsetzt. „Ich wollte ins Bett gehen […]." […]

Ashley schrie auf. „Da war was in meinem Gesicht!"

„Ein Nachtfalter, die beißen nicht", sagte Pandora […].

„Zieht euch warm an", hatte Myrtle nur gesagt. „Wir sehen uns dann beim Frühstück."

Ashley hatte sich warm angezogen, und wie! Er trug eine Daunenjacke und eine alberne Mütze.

„Und wo hast du deine Handschuhe?", fragte Pandora.

„Meinst du, ich brauche welche?", fragte Ashley besorgt.

„Mann, das war ein Witz!" Pandora lief schneller.

Ashley hatte Mühe, Schritt zu halten. „Jetzt sag endlich, was du vorhast […]." […]

„Wir gehen zur Ruine von St. Patrick's."

„Was?" Ashley schrie fast. „Da ist doch die Leiche!"

„Die werden sie inzwischen ja weggebracht haben."

Ashley blieb stehen. „Ich gehe keinen Schritt weiter, wenn du mir nicht sofort sagst, was du vorhast."

Pandora zog ihn am Arm mit sich. „Ich glaube, dass Zack in irgendeine Schweinerei von diesem Mr Philby verwickelt ist."

Bei der Erwähnung von Mr Philby stöhnte Ashley auf. „Was hast du nur immer mit dem?"

Pandora berichtete von dem kaputten Scheinwerfer.

„Das sind alles noch keine Beweise", sagte Ashley. „Höchstens Indizien*" […]

Eine Weile liefen sie schweigend hintereinander her. […]

Die Nächte an der Küste waren nicht dunkel, sie waren schwarz. Pechschwarz.

„Ich bin ein Idiot!", rief sie laut.

„Warum?", fragte Ashley.

„Wir hätten eine Taschenlampe mitnehmen sollen."

Ashley zog sein Smartphone aus der Hosentasche. Es leuchtete auf.

„Wie lange funktioniert das?"

* die Hinweise auf einen Verdacht

„So lange, bis der Akku leer ist. Keine Sorge, der hält noch eine Weile."
„Gut", sagte Pandora. [...]
Pandora machte eine kurze Pause und drehte sich um.
Ashley stand der Schweiß auf der blassen Stirn. Er hatte in den letzten Tagen zwar ein wenig Farbe bekommen, richtig gesund sah er aber noch immer nicht aus.
„Ashley, ich schwöre dir, ich verarsche dich nicht."
„Dann sag mir wenigstens, wie lange es noch dauert. Ich kann nämlich bald nicht mehr."
„Wir sind gleich da", log Pandora. V

2 **a** Ashley steht vor Pandoras Tür. Was hat er an?
Schreibe Stichpunkte auf.

b Wie sieht er aus? Schreibe einen Satz.

3 **a** Lies folgende Textstellen.
„Ashley schrie auf."
„Ashley hatte Mühe, mit ihr Schritt zu halten."
„Er will keinen Schritt weitergehen, wenn er nicht weiß, was Pandora vorhat."
„Er zog das Smartphone aus der Hosentasche."
„Ashley stand der Schweiß auf der blassen Stirn."

b Wie wirkt die Figur auf dich?
Kreuze passende Eigenschaften an.

- [ ] cool
- [ ] ängstlich
- [ ] witzig
- [ ] gut aussehend
- [ ] humorlos
- [ ] altmodisch
- [ ] unsportlich
- [ ] hilfsbereit
- [ ] kränklich

4 Beschreibe kurz die Figur Ashley. Schreibe vier bis fünf Sätze.
Tipp: Die Antworten der Aufgaben 2 und 3 helfen dir.

Ashley ist ein Freund von Pandora.

Beziehungen zwischen den Figuren untersuchen

1 Lies den Romanauszug.

Sabine Ludwig

Pandora und der phänomenale Mr Philby (Auszug 4)

Mr Philby erzählt Zack von einer Höhle. Darin soll das Schwert des berühmten König Artus liegen. Bei der unheimlichen Ruine von St. Patrick's finden Pandora und Ashley das Auto von Mr Philby. Sie entdecken schließlich am Strand eine Höhle.

„Schau mal da", sagte **Pandora** leise. „Eine Höhle!" […] Sie hörte, wie **Ashley** ein leises Pfeifen ausstieß, und drehte sich um. Ein glühender roter Punkt leuchtete auf. Und dahinter erschien eine nur zu bekannte Gestalt:
Phinnaeus Philby! […] „Nanu? Pandora, Ashley, was treibt ihr denn um diese Zeit hier?", fragte Philby. […]
„Wir suchen **Zack**", stieß Pandora hervor. „Wo ist er?"
[…] „Was machen Sie hier?", fragte Ashley.
„Einen Abendspaziergang am Meer", erwiderte Philby ruhig. […]
Pandora zeigte auf die Reste von blau-weißem Absperrband […]. „Wo die Leiche lag?"
Philby machte einen Schritt zurück. „Oh, das wusste ich nicht. Wie entsetzlich!"
„Wissen Sie, was ich glaube?", sagte Ashley. „Ich glaube, Zack ist in dieser Höhle da." […]

Mr Philby streitet ab, irgendetwas über Zacks Verschwinden zu wissen.
Er will Ashley daran hindern, die Höhle zu betreten.
Pandora gelingt es, Mr Philby zu Fall zu bringen. Ashley begibt sich in die Höhle, um Zack zu suchen. Pandora wartet so lange vor der Höhle auf ihn. […]

Durch den Spalt zwängte sich eine Gestalt. Ashley! Seine Haare waren zerzaust. […]
„Wo ist Zack?" […] Hinter Ashley schob sich Zack ins Freie. […]
„Da ist nichts", sagte er zu Philby. „Was hätte denn da sein sollen?", fragte Pandora.
[…] „Das ist ein Geheimnis." „Hör mal Zachary*", sagte Ashley. „Ich hab dich da rausgeholt, also erzählst du uns gefälligst, was du da gesucht hast."
„Den Schatz von König Artus", flüsterte Zack. […]
Mr Philby ist davon überzeugt, dass genau hier Waffen und Schmuck von König Artus versteckt sind. Vielleicht sogar sein Schwert Excalibur."
„Bist du sicher, dass da nichts war?", fragte Philby eindringlich. […]
„Bin ich", sagte Zack. „Es geht ein Stück aufwärts und dann gibt's weiter oben so eine Art Kammer und da war nichts drin. Nichts außer einem Müllsack." V

* Zack ist der Spitzname von Zachary.

2 Wer ist das? Schreibe den Namen dazu.

A Sie sucht ihren Freund Zack. ______________________

B Er sucht in der Höhle den Schatz von König Artus. ______________________

C Er versucht, Pandora und Zack zu helfen. ______________________

D Er wartet auf Zack und glaubt an einen Schatz in der Höhle. ______________________

6 Pfiffige Typen – Kalendergeschichten untersuchen und zusammenfassen

* sprich: Kaffeeserwis
Kaffeegeschirr

Herr Balaban ist auf eine Hochzeit eingeladen und trifft dort einen Bekannten.

1 **a** Betrachte das Bild.
b Spielt die Situation mit einer Partnerin oder einem Partner nach.
c Besprecht gemeinsam: Warum wirkt Herr Balabans Antwort lustig?

2 **a** Überlegt zusammen: Welche anderen lustigen Geschichten oder Figuren kennt ihr?
b Schreibe die Titel lustiger Geschichten und lustige Figuren auf.

lustige Geschichten: ______________________

____

lustige Figuren: ______________________

____

12. Mai

Johann Peter Hebel

Das Mittagessen im Hof

Es ist oft schwer, sich mit manchen Menschen gut zu verstehen. Dabei sind die meisten Menschen gar nicht böse. Sie haben nur merkwürdige Eigenschaften. Man muss sie gut kennen. Dann weiß man, wie man mit ihnen am besten umgeht. So kann sogar ein Nörgler* zur Vernunft gebracht werden. Das ist einem Diener mit seinem Herrn gelungen. […] V

*jemand, der immer meckert

1 a Lies den Text oben.
b Sieh dir den Comic an.
c Spielt die Handlung zu zweit nach.

2 a Der Diener spricht den Satz in Bild 6 entschuldigend. Probiert es auch.
b Woran wollte der Herr tatsächlich erinnert werden? Kreuze an.

☐ Er wollte im Hof spazieren.

☐ Er nörgelt ständig herum.

3 Beschreibe die Figuren und ihr Problem.
Ordne die Begriffe aus dem Kasten passend zu.

unhöflich • höflich • genervt • mutig • ungerecht • gemein • zornig • ruhig • schlau • humorvoll

A Wie verhält sich der Herr seinem Diener gegenüber?

B Wie verhält sich dann der Diener?

4 Durch einen Trick schafft es der Diener, seinen Herrn wieder zur Vernunft zu bringen.

a Sieh dir die Bilder noch einmal genau an.

b Beende die Sätze in deinem Heft.

Der Diener wirft die Speisen …
Er handelt genauso wie …

Lehrreiche Geschichten kennen lernen

1 a Lies den Text.

Johann Peter Hebel

Die falsche Schätzung (1810)

1 Ein reicher Herr war sehr stolz **auf sich und seinen Kleiderstaat.** Für eine Hochzeitsfeier zog er sich sehr elegant an. Dann besah er sich im Spiegel. Dabei fragte er seinen Diener: **„Wie viel mag ich wohl wert sein,** so wie ich hier stehe? Ich als Person und dann noch meine Kleidung?"

2 Der Diener drehte lang die rechte Hand mit ausgestreckten Fingern hin und her und überlegte. **„550 Gulden"**, sagte er endlich, „Weil doch heutzutage alles teurer ist als sonst."

3 Da sagte der Herr **verärgert:** „Du dummer Kerl. Allein die Kleidung, die ich anhabe, ist schon 500 Gulden wert." Da meinte der Kammerdiener: „Verzeih mir meinen Irrtum. **Ich habe deine Kleidung höher als 500 Gulden angeschlagen.** Sonst hätte ich insgesamt noch weniger als 550 Gulden gesagt." V

b Der Text enthält Wörter, die man heute nicht mehr verwendet. Schreibe die drei markierten Wörter zu der passenden Erklärung.

geschätzt – ______________ die Goldmünze – ______________

die Kleidung – ______________

2 Fasse den Text abschnittweise zusammen. Verwende die Zeitform Präsens (Gegenwart). **Tipp:** Die **fett gedruckten Textstellen** helfen dir.

1 Ein reicher Herr ist sehr stolz auf ______________

______________.

Er fragt seinen Diener: „______________

______________?"

2 Der Diener schätzt seinen Wert auf ______________.

3 Der reiche Herr ist ______________.

Der Diener gibt als Entschuldigung an: „Ich habe ______________

______________."

Die Merkmale von Kalendergeschichten untersuchen

1 Lies die Geschichte.

Johann Peter Hebel

Der kluge Richter

Ein reicher Mann hatte eine große Geldsumme in ein Tuch eingenäht und verloren. Er versprach einen Finderlohn von 100 Talern.

Da kam ein ehrlicher Mann und sagte fröhlich: „Dein Geld habe ich gefunden. So nimm dein Eigentum zurück!" […]

Der andere machte auch ein fröhliches Gesicht. Denn er hatte sein Geld wieder. Aber er war nicht ehrlich. Er zählte das Geld und wollte dem Finder keine Belohnung geben. […] Er sprach: „Guter Freund, es waren eigentlich 800 Taler in dem Tuch eingenäht. Ich finde aber nur noch 700 Taler. Du wirst also deine 100 Taler Belohnung schon genommen haben."

Der ehrliche Finder ärgerte sich. Ihm ging es nicht so sehr um die 100 Taler. Aber er hatte das Geld nicht genommen und wollte nicht wie ein Betrüger dastehen.

Am Ende kamen sie vor den Richter. Auch hier sagte der eine, dass 800 Taler in das Tuch eingenäht gewesen seien. Der andere versicherte, dass er von dem gefundenen Geld nichts genommen habe. […]

Der kluge Richter erkannte die Ehrlichkeit des einen und die Unehrlichkeit des andern. Und so fällte er folgendes Urteil: „Der eine von euch hat 800 Taler verloren, der andere hat aber nur ein Päcklein mit 700 Talern gefunden. Also kann das gefundene Geld nicht das von dem reichen Mann sein. Der ehrliche Finder nimmt also das Geld wieder zurück. Er behält es so lange, bis der kommt, der nur 700 Taler verloren hat. Und der reiche Mann muss geduldig warten, bis sich der meldet, der die 800 Taler findet."
So sprach der Richter und dabei blieb es. V

2 Welche Sätze gehören zu welchen Abschnitten in der Geschichte? Tragt die Buchstaben oben im Text in die Kästchen ein. Sie ergeben von oben nach unten ein Lösungswort.

I Die beiden Männer gehen vor Gericht.
CH Der Richter erkennt die Unehrlichkeit des geizigen reichen Mannes.
R Der reiche Mann will die Belohnung nicht zahlen. Er behauptet, er habe eigentlich 800 Taler verloren.
L Der ehrliche Finder ärgert sich, weil er wie ein Betrüger dasteht.
E Ein reicher Mann hat 700 Taler verloren und bietet 100 Taler Finderlohn.
H Ein ehrlicher Finder übergibt das verlorene Päckchen mit dem Geld.

3 **Der kluge Richter** ist eine typische Kalendergeschichte.
Trage die Merkmale in den Lückentext ein. Nutze die Wörter im Kasten.

der reiche Mann • kurze • Johann Peter Hebel • witzig • den ehrlichen Mann • was alle Figuren denken • einem reichen und geizigen Mann, einem ehrlichen Finder und einem klugen Richter • Wort nimmt • Ehrlichkeit • überraschenden

Die Geschichte „Der kluge Richter" wurde von ______________________ geschrieben.

Sie handelt von ____

____.

Es ist eine ______________________ Geschichte.

Zunächst scheint ______________________ der Stärkere zu sein.

Vor Gericht kommt es jedoch zu einer ______________________ Wende:

Die Handlung wendet sich zum Schluss für ______________________ doch noch zum Guten.

An dieser Stelle wird deutlich, dass ______________________ stärker ist als Unehrlichkeit.

Der Erzähler ist allwissend, das heißt, er weiß jederzeit, ______________________

____.

Ich hätte nicht vermutet, dass der Richter die beiden Männer beim ______________________

____.

Durch den überraschenden Schluss wird die Geschichte ______________________.

Kalendergeschichten wurden früher in Kalendern abgedruckt.
Sie hingen in vielen Haushalten. Daher sind sie **eher kurz** gehalten.

- Sie handeln oft vom Leben der **einfachen Menschen.**
- Sie erzählen von **ungewöhnlichen, lustigen oder traurigen Begebenheiten.** Meist enden sie mit einer **überraschenden Wendung** (Pointe).
- Kalendergeschichten wollen die Leser **unterhalten** und **belehren.** Sie zeigen, welche **Stärken und Schwächen** Menschen haben können.
- Der **Erzähler** ist allwissend und kennt **alle Hintergründe und Gedanken der Figuren.**
- Kalendergeschichten enthalten oft eine **Lehre,** die zum Nachdenken anregt.

Eine Kalendergeschichte im Team erschließen

1 **a** Lies die Geschichte.

Martin Auer

Herr Balaban und seine Tochter Selda – 53

Herr Balaban hatte einen kleinen Laden. Dort verkaufte er Lebensmittel und noch allerhand anderes. Neben der Eingangstür stand eine kleine Schüssel. Daraus trank sein Kätzchen Milch. Eines Tages kam an dem Laden ein Geschäftsmann vorbei, der mit wertvollen alten Gegenständen handelte. Der merkte sofort, dass die Schüssel ein wertvolles Stück aus Persien war. Er überlegte, wie er die Schüssel billig bekommen könnte. Er ging also ins Geschäft und kaufte Oliven und Feigen.

„Sie haben so ein nettes Kätzchen", sagte er zu Herrn Balaban. „Würden Sie es verkaufen?"

„Tja", sagte Herr Balaban, „dieses Kätzchen ist ein sehr nettes Kätzchen."

„Das sehe ich", sagte der Geschäftsmann, „darum würde ich auch ein bisschen mehr dafür zahlen." Er legte einen großen Geldschein auf den Tisch.

„Es ein ganz besonders nettes Kätzchen", sagte Herr Balaban.

„Natürlich. Darum lege ich auch noch einen Geldschein drauf!" […]

„Also schön", sagte Herr Balaban, „weil Sie es sind!" Er nahm die Geldscheine an sich.

„Ach", sagte der Herr ganz nebenbei, „noch eine Kleinigkeit. Geben Sie mir doch auch die Milchschüssel dazu. Ich gebe Ihnen noch einen Zehner dafür."

„Nein", sagte Herr Balaban, „die Schüssel kann ich Ihnen nicht geben. […] Das ist meine Glücksschüssel. Sie hat mir geholfen, in den letzten drei Tagen 17 Kätzchen zu verkaufen!" V

b Sprecht in der Gruppe über den Inhalt der Geschichte.
- Was wird durch die letzten Sätze von Herrn Balaban deutlich?
- Hat euch das Ende der Geschichte überrascht? Welches Ende hättet ihr vermutet?
- Wie hat euch diese Geschichte gefallen? Und warum?

2 Clevere Geschäftsleute! Worin sind Herr Balaban und der Geschäftsmann geschickt? Ergänze die Satzanfänge in deinem Heft.
Tipp: Du kannst die Vorgaben im Kasten nutzen.

Katze kaufen, um wertvolle Schüssel billig zu bekommen •
wertvolle Schüssel als Lockmittel, um Katze teuer zu verkaufen

Der Geschäftsmann ist geschickt, weil er …
Herr Balaban ist geschickt, weil er …

Eine Kalendergeschichte erschließen

1 **a** Lies den Text.

Martin Auer

Herr Balaban und seine Tochter Selda – 214

„Ich bin ein geborener Pechvogel", sagte ein Freund zu Herrn Balaban. „Alles, was ich mache, geht gründlich schief. – Wenn mir ein Butterbrot hinunterfällt, dann fällt es auch garantiert auf die Seite mit der Butter."

„Aber das ist doch gar nicht wahr!", sagte Herr Balaban.

„Doch, das ist ganz sicher wahr. Mir ist schon oft ein Butterbrot auf den Boden gefallen, und immer auf die Seite mit der Butter!"

Da sagte Herr Balaban: „Dann machen wir eine Probe."

Er bestrich eine Scheibe Brot mit Butter.

Danach legte er die Scheibe vor den Abergläubischen* auf den Tisch.

„Nun stoß das Brot mit dem Ellbogen hinunter."

Der Abergläubische stieß das Brot mit dem Ellbogen an und es fiel zu Boden – auf die trockene Seite.

„Na, siehst du", sagte Herr Balaban, „immer fällt das Brot nicht auf die Seite mit der Butter. Und es ist auch nicht dein Schicksal, dass du immer Pech haben musst."

„Doch", sagte der Abergläubische, „das Pech ist mein Schicksal. Dein Versuch mit dem Brot beweist gar nichts: Du hast es bloß auf der falschen Seite bestrichen!" V

* Mensch, der an unerklärliche, übernatürliche Kräfte glaubt

b Beantworte die Fragen zum Text.
Kreise die Buchstaben der richtigen Antworten ein.

1 Worum geht es in der Kalendergeschichte?	
Balaban legt seinen Freund durch einen schlauen Trick ganz herein.	**IN**
Der Freund bleibt bei seiner Überzeugung, dass er immer Pech hat.	**RI**
2 Welche Lehre wird mit der Kalendergeschichte vermittelt?	
Wenn man etwas nicht glauben will, helfen auch keine Beweise.	**CH**
Wer einmal lügt, dem glaubt man nicht.	**GE**
3 Welche **zwei** Aussagen über Kalendergeschichten stimmen?	
Eine Kalendergeschichte enthält immer eine Kette aus Lügen.	**R**
Eine Kalendergeschichte erzählt meistens von lustigen Begebenheiten.	**T**
Kalendergeschichten haben einen Schluss, mit dem man nicht rechnet (Pointe).	**IG**

c Schreibe das Lösungswort auf: ______________________

Eine Inhaltsangabe schreiben

1 **a** Lies den Text.

Martin Auer

Herr Balaban und seine Tochter Selda – 10

Einmal ging Herr Balaban in ein billiges Restaurant. Der Kellner sah den Mann mit der alten Kleidung und ließ ihn lange warten. Er schmiss ihm die Speisekarte unhöflich auf den Tisch und nahm die Bestellung lange nicht auf. Herr Balaban bestellte das billigste Essen, das er finden konnte. Der Kellner schnappte wortlos die Speisekarte und verschwand Richtung Küche. Das Essen brachte er erst, als es schon fast kalt war. Und als Herr Balaban zahlen wollte, ließ ihn der Kellner wieder warten.

Herr Balaban zahlte seine Rechnung. Als Trinkgeld* gab er fast so viel, wie das Essen gekostet hatte. Das überraschte den Kellner sehr. Sofort half er Herrn Balaban freundlich in den Mantel und hielt ihm die Türe auf.

* Man gibt etwas mehr Geld, wenn man mit der Kellnerin oder dem Kellner zufrieden ist.

Am nächsten Tag kam Herr Balaban wieder. „Grüß Gott, der Herr!", sagte der Kellner. Er war sehr höflich und rückte Herrn Balaban den Stuhl zurecht. Dann holte er ihm sofort die Speisekarte und nahm die Bestellung auf. Auch das Essen brachte er schnell und wünschte einen guten Appetit. Beim Bezahlen fragte der Kellner höflich, ob es Herrn Balaban auch geschmeckt habe. Herr Balaban legte das Geld für sein Essen auf den Tisch. Als Trinkgeld gab er nur eine kleine Münze. Der Kellner nahm die Münze und sagte erstaunt: „Na, Sie sind ein komischer Kerl. Gestern habe ich Sie ein bisschen ungeduldig behandelt ..." Herr Balaban nickte: „Ja, ja. Wie den letzten Dreck haben Sie mich gestern behandelt." Der Kellner erwiderte: „Gestern haben Sie mir sehr viel Trinkgeld gegeben. Und heute, wo ich höflich und nett bin, geben Sie mir bloß eine kleine Münze. Warum?" „Das ist doch ganz einfach", sagte Herr Balaban. „Gestern habe ich Ihnen das Trinkgeld für heute gegeben. Und das Trinkgeld von heute ist für Ihr schlechtes Verhalten von gestern!" V

b Wie hat euch die Geschichte gefallen? Tauscht euch darüber aus.

Ich finde die Geschichte ...

2 Nummeriere die einzelnen Handlungsschritte in der richtigen Reihenfolge.

- [ ] Der Kellner behandelt Herrn Balaban unfreundlich.
- [ ] Herr Balaban besucht in schäbiger Kleidung ein günstiges Restaurant.
- [ ] Herr Balaban gibt wenig Trinkgeld. Der Kellner ist erstaunt.
- [ ] Herr Balaban begründet sein Verhalten.
- [ ] Trotzdem gibt Herr Balaban beim Bezahlen viel Trinkgeld.
- [ ] Am nächsten Tag wird Herr Balaban sehr höflich behandelt.

3 Schreibe eine kurze **Einleitung**.

Die Kalendergeschichte „______________________" (Titel)

von ______________________ (Autor)

spielt in einem ______________________. Darin erteilt Herr Balaban

einem ______________________ auf witzige Weise eine Lehre.

4 Schreibe den **Hauptteil**.
Tipp: Die markierten Textstellen helfen dir.

Herr Balaban betritt ein ______________________.

Der Kellner ist sehr ______________ und lässt Herrn Balaban ______________.

Als Herr Balaban bezahlt, ______________________

______________________.

Der Kellner ist darüber ______________ und wird sofort ______________.

Bei seinem nächsten Besuch ist der ______________________.

Doch dieses Mal gibt Herr Balaban als Trinkgeld ______________________.

Verwundert ______________ der Kellner: „Heute, wo ______________________

______________________?"

Daraufhin ______________ Herr Balaban: „______________________

____

______________________!"

7 Geheimnisvoll und schauerlich –
Balladen untersuchen und gestalten

1 Was kann alles Geheimnisvolles und Schauerliches auf einer Schiffsfahrt passieren? Sammelt Ideen zu einer Geschichte.

2 Erzählt gemeinsam eine kurze Geschichte zu dem Bild: Wer eine spannende Idee hat, sagt einen Satz. Dann ist der oder die Nächste dran.

3 Welche Wörter kannst du in dem Bild entdecken? Ergänze die Reimwörter. Schreibe sie auf.

das Steuer - das F

die Flut - die G

das Riff - das Sch

zerschellen - die W

2

Ein Schiff fährt mit

1

* sprich: Dschon Menad

3

1 **a** Sieh dir die Bilder 1 bis 6 an.
b Lies die Texte in den Sprechblasen.

2 **a** Was geschieht nacheinander auf den Bildern?
Schreibe die passenden Textstellen in ganzen Sätzen unter die Bilder.

Schiff mit Passagieren • Feuer auf dem Schiff • Menschen sind verzweifelt • Männer versuchen, Feuer zu löschen • Passagiere sind gerettet • Schiff geht unter • Sarg und Gedenktafel von John Maynard • Vater erzählt Tochter am Grab von John Maynard

b Erzählt gemeinsam, was geschieht.

4

5

6

„Hier ruht John Maynard! In Qualm und Brand
Hielt er das Steuer fest in der Hand,
Er hat uns gerettet, er trägt die Kron',
Er starb für uns, unsre Liebe sein Lohn.
John Maynard."

3 **a** Lies den Text von der Gedenktafel, bis du ihn gut lesen kannst.
b Tragt den Text einer Partnerin oder einem Partner vor. Sprecht ruhig und ernst.
c Welche Besonderheiten fallen euch an dem Text auf? Sprecht darüber.

In dem Text gibt es …

die Reime • die Wiederholungen

Balladen untersuchen und vortragen

1 Lies, worum es in der Ballade **John Maynard** geht.

In der Ballade „John Maynard“ fährt das Schiff „Die Schwalbe“ über den Eriesee*. Kurz vor der Ankunft in Buffalo bricht ein Feuer auf dem Schiff aus. Dichter Qualm entsteht. Die Menschen haben Angst um ihr Leben. Der Steuermann John Maynard weiß, wie er alle retten kann. Er lenkt das Schiff mit Volldampf auf den Strand von Buffalo. Obwohl er in großer Lebensgefahr schwebt, behält er das Steuer fest in der Hand. So kann das Schiff den Strand rechtzeitig erreichen. Es zerbricht, aber alle Menschen sind gerettet. Nur der tapfere Steuermann John Maynard ist tot.

* großer See in Nordamerika

2 Die Ballade aus dem Jahr 1885 beruht auf einem wahren Ereignis. Lies nun den Zeitungsartikel.

Schiffsunglück auf dem Eriesee

In der Nacht vom 8. auf den 9. August 1841 geriet der Dampfer „Erie“ auf der Fahrt von Buffalo nach Erie in Brand. Eine Ladung mit Terpentin und Farbe lagerte bei den Kesseln und hatte Feuer gefangen. Das Schiff nahm Kurs auf die acht Meilen* entfernte Küste, konnte sie jedoch nicht mehr erreichen. Von den 200 Personen an Bord wurden nur 29 gerettet. Der diensthabende Steuermann Luther Fuller blieb bis zuletzt auf seinem Posten. Er überlebte schwer verletzt.

* 8 Meilen sind ungefähr 13 Kilometer.

3 Vergleiche den Inhalt der Ballade mit dem Zeitungsartikel.

a Was hat der Dichter an dem Unglück verändert? Markiere die Antworten in beiden Texten.

b Trage die Antworten in die Tabelle ein.

	Ballade	**Zeitungsartikel**
A Wie heißt das Schiff?		
B Wie heißt der Steuermann?		
C Kann das Schiff die Küste erreichen?		
D Werden alle Menschen gerettet?		
E Was passiert mit dem Steuermann zum Schluss?		

Die Merkmale von Balladen untersuchen

1 **a** Lies die Ballade **Der Zauberlehrling** in der linken Spalte langsam und genau bis zum Ende.

b Welche Textstelle findest du besonders spannend? Markiere sie.

2 **a** Lies nun die Texte auf dieser Seite in der rechten Spalte.

Johann Wolfgang von Goethe

Der Zauberlehrling

1 Hat der alte Hexenmeister a
Sich doch einmal wegbegeben! b
Und nun sollen seine Geister a
Auch nach meinem Willen leben. b
Seine Wort' und Werke a
Merkt' ich und den Brauch, b
Und mit Geistesstärke a
Tu ich Wunder auch. b

Zauberspruch vom Zauberlehrling

1.1 Walle! walle!
Manche Strecke,
Dass zum Zwecke
Wasser fließe
Und mit reichem, vollem Schwalle
Zu dem Bade sich ergieße.

2 Und nun komm, du alter Besen! ______
Nimm die schlechten Lumpenhüllen. ______
Bist schon lange Knecht gewesen; ______
Nun erfülle meinen Willen! ______
Auf zwei Beinen stehe, ______
Oben sei ein Kopf, ______
Eile nun und gehe ______
Mit dem Wassertopf! ______

Zauberspruch vom Zauberlehrling

2.1 Walle! walle!
Manche Strecke,
Dass zum Zwecke
Wasser fließe
Und mit reichem, vollem Schwalle
Zu dem Bade sich ergieße.

Eines Tages ging der Hexenmeister aus dem Haus und der Lehrling blieb alleine zurück.
Der Zauberlehrling freute sich.
Er hatte sich **das Zaubern** vom Meister abgeschaut. Nun wollte er es **ungestört ausprobieren.**

Der Zauberlehrling hatte vor zu **baden.** Er mochte sich das **Wasser** aber **nicht selbst** vom Fluss **holen.** Also sprach er einen **Zauberspruch.**

Er wollte, dass der **Besen** das **Wasser holt.**
Darum **hexte** er dem **Besen zwei Beine** und einen **Kopf** an. Dann befahl er dem Besen, mit dem Wassertopf zu gehen.

Und noch einmal **wiederholte** der Zauberlehrling den **Zauberspruch**.

b Hier sind die Texte auf der rechten Seite durcheinandergeraten.
Bringe sie in die richtige Reihenfolge.
Schreibe in die Kästchen die richtige Ziffer.

3 Seht, er läuft zum Ufer nieder; _____
Wahrlich! ist schon an dem Flusse, _____
Und mit Blitzesschnelle wieder _____
Ist er hier mit raschem Gusse. _____
Schon zum zweiten Male! _____
Wie das Becken schwillt! _____
Wie sich jede Schale _____
Voll mit Wasser füllt! _____

Zauberspruch vom Zauberlehrling

3.1 Stehe! stehe!
Denn wir haben
Deiner Gaben
Voll gemessen! –
Ach, ich merk es! Wehe! wehe!
Hab ich doch das Wort vergessen! [...]

4 Und sie laufen! Nass und nässer _____
Wird's im Saal und auf den Stufen. _____
Welch entsetzliches Gewässer! _____
Herr und Meister! hör mich rufen! – _____
Ach, da kommt der Meister! _____
Herr, die Not ist groß! _____
Die ich rief, die Geister, _____
Werd ich nun nicht los. _____

Zauberspruch vom Zaubermeister

4.1 „In die Ecke,
Besen! Besen!
Seid's gewesen.
Denn als Geister
Ruft euch nur, zu seinem Zwecke,
Erst hervor der alte Meister." V

☐ Natürlich wusste der alte **Meister** den **richtigen Zauberspruch.** Denn nur er beherrschte die Geisterwelt. Sofort lehnte der **Besen** wieder **in der Ecke** und der **Spuk** war **beendet.**

☐ **Immer mehr Wasser** wurde gebracht. Die Badewanne lief über. Der ganze Saal war nass. **Das Wasser rann** bereits über die Stufen. Der **Zauberlehrling** rief in **Panik** nach seinem Meister. In dem Moment kam der **Meister zurück.** Der **Lehrling gestand, was er getan hatte.**

☐ Der **Zauberlehrling** sprach einen **anderen Zauberspruch,** denn der Besen sollte nun kein Wasser mehr bringen. Doch **entsetzt** bemerkte der Lehrling, dass er den **richtigen Spruch vergessen** hatte.

☐ Der **Zauberlehrling freute sich,** wie schnell der Besen das Wasser aus dem Fluss holte. Das **Becken füllte sich rasch** mit Wasser. Schon nach kurzer Zeit war **genügend Wasser im Becken.**

3 Was geschieht in der Ballade **Der Zauberlehrling?**
Tipp: Der fett gedruckte Text in der rechten Spalte hilft dir.
Ergänze die Sätze im Präsens (in der Gegenwartsform).

1 Der Zauberlehrling will das Zaubern ungestört probieren.

1.1 Er will baden. Er mag sich das Wasser ______

2 Der Besen soll ______

2.1 Der Zauberlehrling wiederholt ______

3 Der Zauberlehrling freut sich ______

3.1 Dann ist genügend Wasser im ______

4 Immer mehr Wasser rinnt ______

4.1 Der Meister weiß ______

4 Hast du auch schon einmal etwas Verbotenes getan
und das hat dich dann plötzlich überfordert?
Wer hat dir dann beigestanden?
Sprich mit einer Partnerin oder einem Partner.

Die Ballade
Balladen sind meist **längere Gedichte** über ungewöhnliche oder spannende Ereignisse.

Sie sind eine **Mischform aus Gedicht, Erzählung und Theaterstück** (Drama).
Sie bestehen wie Gedichte aus **Strophen** und **Versen,** die sich **reimen.**
Wie in Erzählungen wird eine **spannende Geschichte erzählt.**
Wie in einem Theaterstück führen **Figuren ein Gespräch in wörtlicher Rede.**

5 **a** Der Zauberlehrling überschätzt sich.
Lies die Strophen 1 und 4 noch einmal.

b Trage die Antworten zu den Fragen in die Tabelle ein.
Tipp: Die grauen Textstellen in der Ballade helfen dir.

Trugbild – Was glaubt der Zauberlehrling zuerst von sich und seinen Fähigkeiten?	**Wirklichkeit** – Wie ist es in Wirklichkeit?
Der Zauberlehrling glaubt zuerst von sich,	Doch in Wirklichkeit

c Wer kommt dem Zauberlehrling zu Hilfe? Schreibe auf.

6 Untersuche die Form der Ballade **Der Zauberlehrling.**

a Wie viele **Strophen** hat die Ballade?
Zähle die Zaubersprüche nicht als einzelne Strophen.
Schreibe auf.

Strophenzahl: ________

b Markiere jeweils die **zwei Reimwörter** mit einer Farbe.
Die Zaubersprüche lässt du aus.

c Schreibe die Buchstaben a und b passend hinter jede Zeile.

d Um welches Reimschema handelt es sich?
Schreibe auf.
Tipp: Die Buchstaben a und b verraten es dir.
Stehen sie **abwechselnd (abab),** ist es ein **Kreuzreim.**
Stehen sie **hintereinander (aabb)** handelt es sich um einen **Paarreim.**
Ist es die Reihenfolge **(abba),** nennt man es einen **umarmenden Reim.**

Reimschema: ________

7 **a** Sprecht die folgenden Wörter laut vor:
Hexenmeister, Hexenbesen, Lumpenhülle, Wasserströme.

b Welche Silben werden betont?
- Schreibe die Wörter in Silben auf.
- Setze einen **Strich** über jede betonte Silbe.

He-xen-meis-ter

Die Filmsprache untersuchen

Die Darstellung des Ortes und der Figuren untersuchen

1 a Sieh dir den Kurzfilm **Der Zauberlehrling** an.
b Beschreibe den Handlungsort am Anfang des Films. Beantworte die Fragen in Stichpunkten.

Zauberbuch • schwarz • braun • grau • Kerzenhalter mit drei Kerzen • in der Burg des Zauberers • Glasgefäße • Kochlöffel • Tisch • Stuhl • gelb

A Wo spielt die Handlung?

B Welche Gegenstände (Requisiten) sind zu sehen?

C Welche Farben wurden verwendet?

2 Wie wirkt der Zauberlehrling auf dich? Wähle aus den gegensätzlichen Eigenschaften die passenden aus. Markiere sie.

Der Zauberlehrling wirkt auf mich …

fleißig – faul • müde – wach • traurig – froh • mutig – feige • ängstlich – übermütig • bescheiden – selbstbewusst • arm – reich • klug – dumm • groß – klein • jung – alt

Die Kameraeinstellungen und ihre Wirkung beschreiben

1 **a** Sieh dir die Fotos an.

1

2

3

4
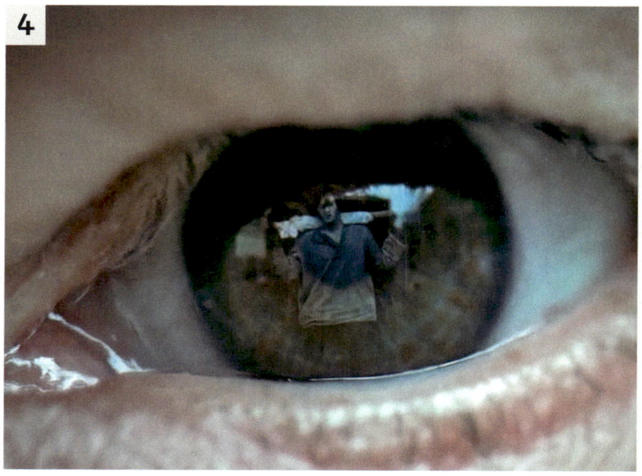

b Die Szenenfotos haben unterschiedliche Einstellungsgrößen.
Ordne die Fotos zu.
Schreibe die entsprechende Ziffer auf.

A Totale (Man sieht auf dem Foto viel von der Umgebung.)

Foto: ……

B Halbtotale Das Foto wurde **halbnah** aufgenommen. (Man kann von der Umgebung weniger erkennen. Menschen sind meistens nur noch halb zu sehen.)

Foto: ……

C Nahaufnahme (Von der Umgebung ist nichts mehr zu sehen. Von Menschen ist nur noch ein Teil zu sehen.)

Foto: ……

D Detailaufnahme (Es ist nur noch eine Einzelheit zu sehen.)

Foto: ……

8 So ein Theater!

„Paul Vier und die Schröders" untersuchen und produktiv erschließen

1 **a** Sieh dir das Bild an.

b Tauscht euch über folgende Fragen aus:
- Wer sind die Figuren?
- Was macht Paul?
- Was machen die Schröders?

2 **a** Paul beobachtet die Straße.
Was könnte er denken? Kreuze an.

- [ ] Die Familie passt gar nicht in unsere Straße.
- [ ] Vielleicht finde ich jetzt Freunde.
- [ ] Es wird laut, der Hund wird immer bellen.

b Sprecht über eure Vermutungen.

3 Paul blickt auf eine Bühne.
Was benötigt man für eine Theateraufführung?
Was ist besonders wichtig? Markiere im Kasten.

die Bühne • die Schauspielerinnen und Schauspieler • die Kostüme • die Requisiten (Gegenstände, die man für das Theaterstück braucht) • der rote Vorhang • die Zuschauerbänke

Walsers Wohnzimmer (Szene 1)

Türklingeln. Hereinstürzende Klara Tauchmann. Dahinter hereinschleichender Paul; setzt sich in einen Sessel.

Frau Tauchmann: Entschuldigung!

Alle anderen: (gleichzeitig) Wie immer … […]

Frau Heinsel gibt eine neue Yoga-Position vor. Allgemeines Bemühen um das eigene Gleichgewicht.

Frau Döller: Meine Lieben! (längere Pause) Ihr werdet nicht glauben, was ich letzte Nacht gesehen habe.

Frau Markowski: Ich glaub's dir, Mechthild. Also, was war es?

Frau Döller: Also, meine Lieben, ich darf euch mitteilen, dass letzte Nacht das Schröderhaus wieder bezogen worden ist.

Alle (außer Frau Heinsel) kippen nacheinander um; machen es sich auf ihren Matten bequem, auf den Bericht gespannt. Paul hört offensichtlich zu.

Frau Heinsel: Welches Haus?

Alle: Hildegard!

1 **a** Sieh dir die Bilder an.

b Lies die Szene auf dieser und der folgenden Seite.

2 **a** Die fünf Frauen reagieren auf die Ereignisse in der Nacht unterschiedlich. Kreuze passende Sprechweisen an.

A Frau Heinsel zeigt sich gleichgültig. (Zeilen 12 bis 13)

Sprechweise: ☐ leise ☐ schnell ☐ ruhig ☐ gelassen

B Frau Döller erzählt zuerst aufgeregt. (Zeilen 10 bis 11)

Sprechweise: ☐ schnell ☐ laut ☐ leise ☐ hastig

Frau Walser: Unser Nachbarhaus – das von den beiden alten Schwestern, die neulich gestorben sind.

Alle: Mechthild, erzähl!

Frau Döller: Wisst ihr, unsere Ursula von Hohenstetten, der arme Pudel, hat doch diesen schlimmen Durchfall, und ich konnte natürlich die ganze Nacht kaum schlafen. Es war also gegen halb drei letzte Nacht, als ich zufällig aus dem Fenster schaute, die Straße runter. Und da kommt dieser Wagen angefahren. Ziemlich schnell. So ein großer, vorne lang und hinten kurz, ohne Kofferraum. Ihr wisst schon, so einer, wo viele Leute reinpassen.

Frau Markowski: Ein Caravan.

Frau Döller: (genervt) Schon möglich. Also, der Wagen – verbeult übrigens, sehr schmutzig – hält vor dem Schröderhaus. Alle Türen fliegen gleichzeitig auf, und das Erste, was ich sehe, ist dieser Hund, der hinten rausspringt. Eine hässliche kleine Promenadenmischung, schwarz, mit Stummelschwanz. Er hat direkt an deinen Wacholder gepinkelt, Marianne.

Gleichgültige Frau Walser, achselzuckend.

C Frau Döller ist später genervt. (Zeilen 27 bis 31)

Sprechweise: ☐ hohe Stimmlage ☐ schnell ☐ langweilig ☐ langsam

D Frau Walser ist neugierig und gespannt. (Zeilen 17 bis 18)

Sprechweise: ☐ fragend ☐ laut ☐ leise

b Lest die Szene mit den fünf Rollen:
Frau Tauchmann, Frau Döller, Frau Markowski, Frau Heinsel, Frau Walser.
Eine weitere Person liest die Regieanweisungen (blaue Sätze).
Tipp: Macht durch eure Stimme und Betonung deutlich, wie die Frauen auf die Ereignisse der Nacht reagieren.
Beachtet die Ergebnisse von Aufgabe 2 a.

Die Figuren, die Handlung und die Konflikte untersuchen

Die Ausgangssituation kennen lernen

1 **a** Sieh dir das Bild an.
b Lies die Fortsetzung der Szene 1.

Andreas Steinhöfel (Bühnentext: Damien und Sandra Revol)

Paul Vier und die Schröders

Die empörten Frauen (Fortsetzung Szene 1)

Frau Döller: Der Hund springt also auf die Straße, und als Nächstes steigt diese Frau aus. Sie hatte den Wagen gefahren. Mitte dreißig, schätze ich. Lange dunkle Haare. Glatt. Und dann fielen links und rechts die Kinder aus dem Auto. Nein wirklich! Sie fielen förmlich auf die Straße.

Bedeutungsvolle Pause.

Frau Markowski: Und?

Frau Döller: Und was?

Frau Markowski: Meine Güte, wie viele? Wie viele Kinder?

Frau Döller: (triumphierend) Vier.

Alle: Vier Kinder!

Frau Markowski: Asozial!

Frau Döller: Die Kleinste muss fünf oder sechs Jahre alt sein. Vielleicht war es auch ein Junge, so richtig konnte ich das auf die Entfernung nicht sehen. Die Älteste, na ja, ich schätze vierzehn, höchstens fünfzehn. … Jedenfalls stürmten sie dann in das Haus. Ein Wunder, dass die mit dem Krach nicht die halbe Nachbarschaft geweckt haben.

Frau Heinsel: Und der Mann?

Frau Döller: Kein Mann.

Alle: Kein Mann?!

Frau Tauchmann: Vielleicht kommt er nach?

Frau Heinsel: Oder er ist gestorben …

Frau Markowski: Geschieden?

Frau Walser: Vielleicht hat sie keinen?

Schockierte Pause.

Frau Tauchmann: Eine alleinstehende Frau mit vier Kindern? Marianne, ich bitte dich.

Frau Markowski: Was passierte dann?

Frau Döller: Nichts weiter. Nach zehn Minuten ging das Licht im Haus aus. Ende der Geschichte. Das heißt, unsere Ursel hat dann doch noch in den Flur …

Frau Walser: Danke – das genügt.

Frau Heinsel: Aber ich habe den ganzen Tag keinen Wagen oder Leute beim Schröderhaus gesehen.

Frau Tauchmann: Das ist aber erstaunlich. Du siehst doch sonst alles aus deinem Küchenfenster.

Frau Markowski: Na ja, vielleicht sind sie ganz früh wieder abgehauen.

Frau Walser: Wollen wir's hoffen.

c Lest die Szene mit den fünf Rollen:
Frau Döller, Frau Markowski, Frau Heinsel, Frau Tauchmann, Frau Walser.
Eine weitere Person liest die Regieanweisungen (blaue Sätze).

2 Was hast du bisher erfahren?

a Welche Figuren treten auf?
Schreibe die Namen der fünf Frauen auf die Linien.

Frau Döller,

b Wo spielt die Handlung? Schreibe auf die Linie.
Tipp: Sieh dir das Bild auf Seite 158 an.

c Wann kommt die Frau mit den vier Kindern an? Schreibe auf die Linie.
Tipp: Lies die Zeilen 14 bis 16.

Fachbegriffe rund um Theaterstücke

Drama: Text mit verteilten Rollen (zum Beispiel: ein Theaterstück)

Dialog: Zwei oder mehr Figuren reden miteinander.

Monolog: Eine Figur redet über eine längere Zeit allein.

Szene: Ein Theaterstück besteht meist aus mehreren Szenen. Wenn Ort oder Figuren wechseln, beginnt eine neue Szene.

Regieanweisungen: Ein Drama enthält oft Hinweise, wie die Schauspielerinnen und Schauspieler den Text sprechen oder wie sie auf der Bühne spielen sollen.

3 In der Szene gibt es mehrere Regieanweisungen.
Was ist mit diesen beiden Regieanweisungen gemeint?
Kreuze an.

A Was ist eine **bedeutungsvolle Pause?** (Zeile 5)

☐ eine lange Pause ☐ eine kurze Pause

B Frau Döller reagiert **triumphierend.** (Zeile 9)
Wie spricht sie?

☐ entsetzt ☐ schockiert ☐ neugierig ☐ überheblich

4 Worüber regen sich die Frauen auf?

a Lies noch einmal den Dialog.

Frau Markowski:	Und?
Frau Döller:	Und was?
Frau Markowski:	Meine Güte, wie viele? Wie viele Kinder?
Frau Döller:	(triumphierend) Vier.
Alle:	Vier Kinder!
Frau Markowski:	Asozial!

b Ergänze den Satz.

Die Frauen regen sich über ______________________________

______________________________ auf.

5 Warum sind die Frauen nach dem Gesagten schockiert?

a Lies noch einmal den folgenden Abschnitt.

Frau Heinsel:	Und der Mann?
Frau Döller:	Kein Mann.
Alle:	Kein Mann?!
Frau Tauchmann:	Vielleicht kommt er nach?
Frau Heinsel:	Oder er ist gestorben …
Frau Markowski:	Geschieden?
Frau Walser:	Vielleicht hat sie keinen?

Schockierte Pause.

b Ergänze den Satz.

Die Frauen sind schockiert darüber, dass die Frau mit den vier Kindern

vielleicht ______________________________

______________________________.

6 Suche dir drei Figuren aus dem Theaterstück aus.
Male sie auf ein extra Blatt.

Eine Szene gestaltend erschließen

1 **a** Lies die Szene 2.

Besuch von Delphine – Pauls Zimmer
(Szene 2)

Paul soll, wie sein Vater, Metzger (Fleischer) werden.
Paul kommt im Theaterstück immer wieder einmal als erwachsener Erzähler vor.
Er erzählt in der Vergangenheit über das, was jetzt gerade passiert.

Delphine Schröder ist die älteste der Schröder-Geschwister und etwa in Pauls Alter.

Paul auf dem Bett. Aquarium mit Schildkröte Agnes auf dem Tisch.

Erzähler: Während ich auf dem Bett lag und über meine Metzgerzukunft nachdachte, explodierte im Schröderhaus der Wasserkessel. Das Fenster meines Zimmers war geschlossen, bis eine verrostete Schraubenmutter mit hoher Geschwindigkeit klirrend das Glas durchbrach.

Knall. Glas zerbricht. Platsch-Geräusch. Paul springt vom Bett, holt eine Schraubenmutter aus dem Aquarium, betrachtet sie andächtig. Legt sie wieder zurück, holt Agnes heraus.

Paul: Arme Agnes. Hast du dich genauso erschrocken wie ich?

Schaut durch das zerbrochene Fenster, dann wieder zu Agnes.

Muss wohl vom Schröderhaus sein. Guck mal, denen ihr Badezimmerfenster steht offen.

Mit Kehrblech und Besen bewaffnete Frau Walser stürmt ins Zimmer, schaut sich entsetzt um.

Frau Walser: Oh Gott, ich kriege eine Migräne*!

Drückt Paul Kehrblech und Besen in die Hand, geht wieder. Er kehrt Glasscherben. Türklingeln. Delphine vor der Türe, gefällt Paul sichtlich. Er ist ganz verdattert und unfähig zu sprechen.

Delphine: Tag.

Erzähler: Und so lernte ich Delphine kennen. 16 Jahre. Wahnsinnsaugen … Sie funkelten wie poliertes Chrom**. Ich habe nie wieder schönere Augen gesehen, allerdings auch nie wieder so hässliche Klamotten. Sie sah aus, als hätte sie den letzten Altkleidertransport überfallen und nur noch die Reste erwischt.

Delphine: Tag. Delphine Schröder.

Erzähler: Delphine … Sie hatten alle so komische Namen. Wer will schon heißen wie ein Säugetier, das mit einem Loch auf dem Rücken durch die Gegend schwimmt und Makrelen frisst?

* die Kopfschmerzen

** glänzendes Metall

Delphine: (versucht, an Paul vorbei in die Wohnung zu schauen.) Der Wasserkessel in unserem Bad ist durchgeknallt. Ist bei euch eine Schraubenmutter gelandet?

Paul (stotternd) In meinem Aquarium.

Delphine: Können wir sie holen?

Sie folgt Paul. Er fischt die Schraubenmutter aus dem Aquarium, überreicht sie Delphine.

Delphine: (lächelt und verschwindet) Danke.

Paul starrt ihr durchs Fenster hinterher. V

b Welchen Eindruck macht Delphine auf Paul? Schreibe auf.
Tipp: Lies noch einmal die Zeilen 20 bis 21.

2 Der Erzähler tritt dreimal auf.

a Finde die drei Stellen im Text. Nummeriere sie mit 1, 2 und 3.

b Worüber erzählt er? Kreuze an.

- [ ] Er erzählt über das, was passierte, als er über seine Metzgerzukunft nachdachte.
- [ ] Er erzählt, was er beim Spielen mit Nachbarskindern erlebte.
- [ ] Er erzählt über Delphine beim ersten Treffen. Er sagt etwas über ihr Aussehen.
- [ ] Er sagt etwas zu Delphines Namen.
- [ ] Er sagt etwas zu der Schildkröte Agnes.

3 Lest die Szene mit den drei Rollen:
Erzähler, Paul, Delphine.
Eine weitere Person liest die Regieanweisungen (blaue Sätze).
- Markiert zuerst euren Rollennamen.
  Dann wisst ihr, wann ihr dran seid.
- Lest zunächst euren Text mehrfach für euch und übt ihn zu sprechen.
- Achtet beim Sprechen auf die Regieanweisungen in den Klammern.

In diesem Theaterstück gibt es etwas Besonderes: **einen Erzähler.**
Der Erzähler tritt auf und sagt etwas zur Handlung oder zum Verhalten der Figuren.
Der Erzähler ist der erwachsene Paul.

9 Zeichensprache und Schriftzeichen –
Sachtexte und Medien untersuchen

1 Die Abbildung zeigt verschiedene Zeichen.
Was bedeuten sie? Woher kennt ihr sie?

die Straßenschilder • die Ampel • das Graffiti • die Zeichensprache • die Computersymbole • die Gebärdensprache

Auf dem Weg zur Schule sehe ich …

2 **a** Wo und wie könnt ihr euch über Zeichen und Schrift informieren? Sammelt Ideen.

b Wo informiert ihr euch lieber: in Sachbüchern oder im Internet? Begründet eure Meinung.

Am liebsten schaue ich im Internet nach. Das geht am schnellsten …

Ich schlage gern in Sachbüchern nach. Das finde ich übersichtlicher und einfacher. …

„Gib mir ein Zeichen!“

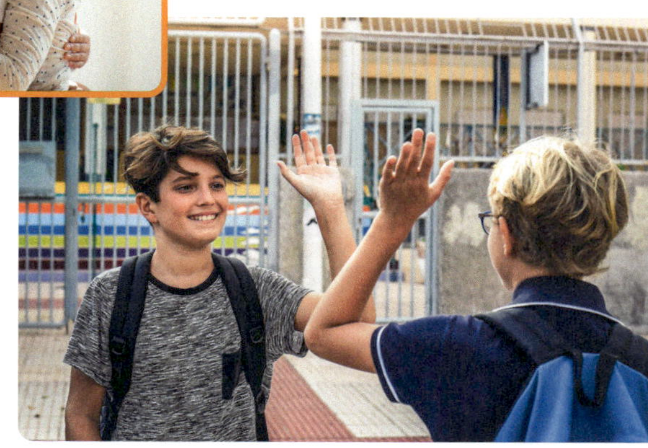

Sag es mit Gesten

1 Wie begrüßen sich die Menschen auf den Bildern?

a Beschreibt die Körperhaltung und den Gesichtsausdruck.

offen • freundlich • der Blickkontakt • frech

b Mit welchen Personen begrüßt man sich mit einer Umarmung und wen begrüßt man mit Händeschütteln? Verbinde.

die Umarmung	Freundinnen und Freunde
	bekannte Menschen, mit denen man aber nicht befreundet ist
das Händeschütteln	fremde Menschen
	Familie

c Warum sind Begrüßungsformen wichtig? Was drückt man damit aus? Sprecht darüber.

die Höflichkeit • die Zuneigung • der Respekt

Emojis in aller Welt

Jedes Land der Welt hat eine eigene Emoji-Hitliste.
In Frankreich verschickt man häufig Herzchen.
In der Türkei werden besonders viele Smileys verwendet, die fröhlich lachen.
Arabisch sprechende Menschen fügen ihren Texten am liebsten Blumen hinzu.

Sag es mit Bildern

2 **a** Beschreibt die Smileys auf dem rechten Bild. Was drücken sie aus?

man ist fröhlich • man ist traurig

b Warum verwendet ihr Emojis in Chats? Sprecht darüber.

um etwas zu betonen • um Gefühle auszudrücken

3 **a** Lies den Chat auf dem rechten Bild.
b Warum wurde dieser coole Smiley mit Sonnenbrille gewählt? Sprecht darüber.

4 **a** Lies den kurzen Sachtext **Emojis in aller Welt**.
b Welche Emojis werden wo am häufigsten verwendet? Verbinde.

Frankreich	Emoji Lachen
Türkei	Emoji Blume
arabische Länder	Emoji Herz

Sachtexte und Grafiken erschließen

Einen Sachtext lesen und zusammenfassen

Vor dem Lesen

1 **a** Verschafft euch vor dem Lesen einen ersten Überblick über den Text:
- Seht euch die Abbildung an.
- Lest die Überschriften.

b Besprecht: Worum könnte es gehen? Was wisst ihr bereits zu dem Thema?

die Ureinwohner von Amerika • die Rauchzeichen

Die Rauchzeichen der Ureinwohner Amerikas

Schon seit Hunderten von Jahren verständigen Menschen sich miteinander, meist mit Sprache und Schrift. Aber sie haben sich immer schon auch auf andere Art verständigt. Die Ureinwohner Amerikas setzten zum Beispiel Lichtzeichen und Rauchzeichen ein.

1 Nachrichtenübermittlung vor 400 Jahren

Noch vor ungefähr 400 Jahren gehörte Nordamerika den Apachen und anderen indigenen Stämmen*. Dann kamen die Europäer. Sie besiedelten weite Teile von Amerika. Sie brachten ihre eigenen Sprachen und Gewohnheiten mit. Die alten Kulturen wurden fast völlig verdrängt. Viele Traditionen der indigenen Stämme sind aber gut überliefert. Beispielsweise weiß man, wie sie miteinander kommuniziert haben und zwar häufig mit Hilfe von Rauchzeichen. […] Dafür benötigte man nur ein Feuer. So wurden Nachrichten über große Entfernungen weitergegeben. Versammlungen wurden mit Rauchzeichen einberufen oder sie warnten vor Gefahren.

* Gemeinschaften eingeborener Bewohnerinnen und Bewohner eines Landes oder einer Gegend

2 Erzeugung von Rauch mit Hilfe von Gras und Laub

[…] Die indigenen Stämme entfachten auf einer sichtbaren Anhöhe ein Feuer. Wenn das Feuer rauchlos brannte, warfen sie frisches Gras oder grünes Laub hinein. Sofort wurde eine Rauchfahne sichtbar. Diese Rauchfahne ließ sich leicht in einzelne Rauchwolken aufteilen und formen (zum Beispiel in Spiralen und Zickzack). Dazu nutzten die Stämme eine feuchte Decke. Sie deckten das Feuer kurz zu und gaben es dann wieder frei.

3 Bedeutung der Zeichen

Aus der Rauchform oder der Zahl der Rauchwolken konnten die Stämme die Nachricht ablesen. Eine Wolke bedeutete „Achtung", zwei Wolken bedeuteten „Alles in Ordnung". Drei Wolken warnten vor einer Gefahr oder bedeuteten einen Hilferuf. […] V

Beim Lesen

2 **a** Lies den Text.
b Tauscht euch über die Verständigung der Ureinwohner Amerikas aus.

die indigenen Stämme • die Traditionen • die Kommunikation • die Rauchzeichen • die Bedeutung der Rauchzeichen

3 **a** Lies den Text noch einmal gründlich Absatz für Absatz.
b Schreibe die Fragen und die Antworten in dein Heft.

A Wozu dienten die Rauchzeichen? (siehe Zeilen 9 bis 14)
– zur Kommunikation

B Wie wurden Rauchzeichen erzeugt? (siehe Zeilen 15 bis 21)
– man brauchte Feuer

Nach dem Lesen

4 Fasse die Informationen über die Rauchzeichen der Ureinwohner Amerikas zusammen. Schreibe den Text in dein Heft.
Setze die Begriffe in die Lücken ein.

Bedeutung • Rauchzeichen • feuchten Decke • Gras und Laub • Entfernung

Der Text „Die Rauchzeichen der Ureinwohner Amerikas" informiert darüber,

wie sich die ersten Bewohner Nordamerikas verständigt haben.

Im 1. Absatz wird erläutert, wozu die verschiedenen indigenen Stämme

____________________ benutzt haben.

Und zwar wurden damit Nachrichten über eine große ____________________

weitergegeben.

Der 2. Absatz erklärt, wie sie mit ____________________

eine Rauchfahne erzeugten.

Mit einer ____________________ ließ sich die Rauchfahne

unterbrechen und formen.

Im 3. Absatz werden Beispiele für die ____________________

der Rauchzeichen genannt.

Die Absichten und Funktionen eines Sachtextes erkennen

1 Wie verständigen sich Menschen, die nichts hören können? Tauscht euch in der Klasse darüber aus, was ihr bereits dazu wisst.

> Menschen können sich mit Hilfe von … verständigen.

Hände • Finger • Augen • Mund

2 Verschaffe dir vor dem Lesen einen ersten Überblick über den Text:

a Sieh dir die Abbildungen an.
b Lies die Überschrift.
c Lies die ersten Zeilen in jedem Absatz.

Britta Illmer

Wie Gebärdensprache funktioniert

Mit den Händen sprechen – das ist für gehörlose Menschen ganz selbstverständlich. Wie Gebärdensprache funktioniert und wie sich gehörlose Menschen unterhalten, erklären wir euch hier. […]

1 Gebärdensprache ist eine visuelle Sprache. Das bedeutet, dass man sie nicht hört, sondern sieht. Dabei bildet man Worte mit den Händen. Wichtig sind auch der Gesichtsausdruck und die Bewegung des Mundes […]. Auch die „Geräusche“, die man während des Gebärdens macht, sind wichtig.

2 Die Gebärdensprache ist über Jahrhunderte hinweg entstanden. Seit 2002 ist sie in Deutschland als eigene Sprache anerkannt. Natürlich wird nicht nur in Deutschland gebärdet. Auch im Rest der Welt gibt es viele gehörlose Menschen, die sich so verständigen. […]

3 Für die Gebärden nutzt man meist eine Hand. Wenn du Rechtshänder bist, nimmst du die rechte Hand. Wenn du Linkshänder bist, die linke. Es gibt auch Gebärden, die mit beiden Händen ausgeführt werden. […] Gehörlose Menschen haben eine ganz feine Wahrnehmung für Stimmungen und Launen. Dabei achten sie auf Blicke und Körpersprache. Wenn man zum Beispiel eine Frage mit Ja oder Nein beantwortet, erkennt man auch einen Unterschied im Gesichtsausdruck. […]

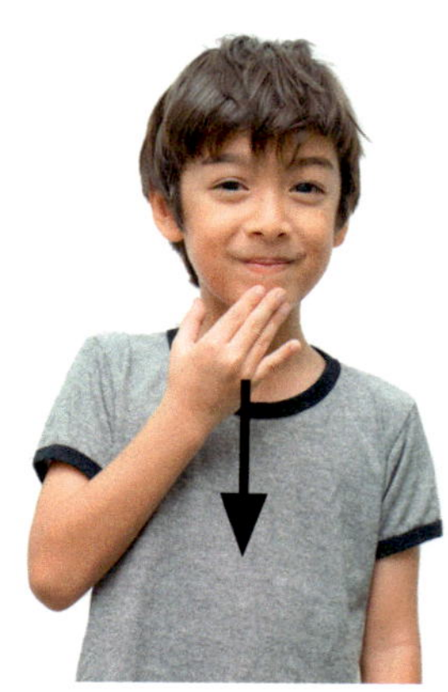

So gebärdet man „Danke“.

4 Die wichtigste Sprache gehörloser Menschen ist die Gebärdensprache. Doch es gibt auch ein Fingeralphabet. Das seht ihr in der Grafik rechts. Das Fingeralphabet wird gebraucht, wenn zum Beispiel eine bestimmte Gebärde nicht bekannt ist oder jemand etwas buchstabieren möchte. […]

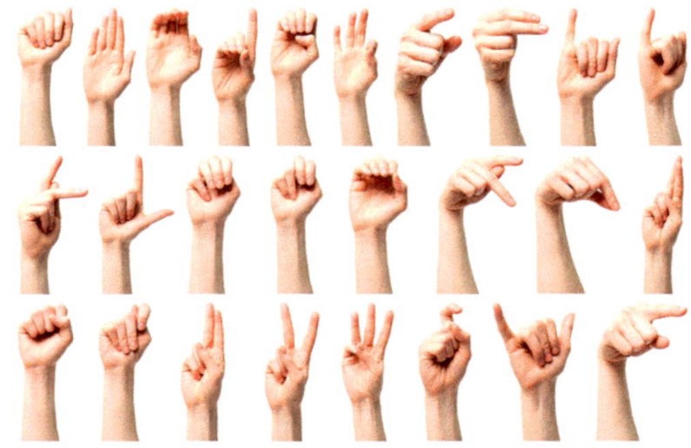

5 Die Gebärdensprache ist eng verknüpft mit der eigenen Kultur, den Gewohnheiten und dem Alltag. Gehörlose Menschen treten gern in Kontakt mit hörenden Menschen. Wenn du dich einer gehörlosen Person näherst, kann sie dich nicht kommen hören. Deshalb solltest du dich bemerkbar machen. Dazu stampfst du einfach auf den Boden. So merkt der gehörlose Mensch, dass jemand in der Nähe ist. Dann nimmst du Blickkontakt auf, zum Beispiel durch Zuwinken. Viele können von den Lippen ablesen, deshalb sollte dein Mund nicht verdeckt sein. […] Im Gebärdensprachenkurs kannst du ein paar Gebärden lernen. So kannst du dich vielleicht einmal mit einem gehörlosen Menschen unterhalten. Also nimm doch einfach mal die Sprache in die Hand! V

3 **a** Lest den Sachtext über die Gebärdensprache in Partnerarbeit abwechselnd.
b Markiert weitere wichtige Informationen in jedem Absatz.

4 Welche Aussagen zum Text sind richtig?
Kreuze die richtigen Antworten an.

- [ ] Bei der Gebärdensprache werden die Worte mit den Händen gebildet.
- [ ] Gehörlose Menschen verständigen sich mit den Füßen.
- [ ] Die Gebärdensprache ist erst vor Kurzem entstanden.
- [ ] Schon vor langer Zeit gab es eine Gebärdensprache.
- [ ] Mit dem Fingeralphabet können gehörlose Menschen buchstabieren.
- [ ] Gehörlose Menschen lernen gerne hörende Menschen kennen.
- [ ] Die Gebärdensprache können nur gehörlose Menschen erlernen.

Funktionen von Sachtexten
Sachtexte beschäftigen sich vorwiegend mit **wirklichen (realen) Ereignissen und Sachverhalten.** Sie können **unterschiedliche Funktionen** und Ziele haben:
- Manche Texte sollen die Leserinnen und Leser **informieren.** Sie sind meist **sachlich** formuliert.
- Andere Sachtexte sollen darüber hinaus **Anweisungen geben** oder zu etwas **auffordern.**
- Es gibt auch Texte, die Leserinnen und Leser **mit Argumenten überzeugen** wollen.

Eine Reportage untersuchen

1 a Lies den Text.

Sehen mit den Fingerkuppen – einen Tag blind erleben

Eine Reportage von Hilda Bermech

„Herzlich willkommen in der Finsternis! Ihr werdet euch neunzig Minuten nur in dunklen Räumen bewegen. Ein blinder oder stark sehbehinderter Guide* wird euch durch die Räume führen. Dort sollt ihr Alltagssituationen in totaler Dunkelheit bewältigen."

*sprich: Geit eine Person, die jemanden durch unbekannte Orte führt

Was für ein Erlebnis gleich zu Beginn unserer Projektwoche! Das Thema der Projektwoche war „Unsere Welt neu entdecken". Dabei sollten wir unsere gewohnte Welt anders wahrnehmen. Ich entschied mich für den Besuch der Ausstellung, die in die Welt von blinden Menschen führt. Direkt am ersten Projekttag machten wir uns auf den Weg zu der Ausstellung. Alltag im Dunkeln? Ich fragte mich etwas ängstlich, wie ich wohl Situationen meistern würde, ohne etwas sehen zu können. Unsere Projektleiterin beruhigte mich: „Keine Sorge, ihr werdet vom Guide Tipps bekommen, wie ihr das schaffen könnt. Ja, irgendwie schafften wir es auch. Aber am besten berichte ich einmal von Anfang an:

Nach wenigen Minuten aufgeregten Wartens im Foyer heißt es plötzlich: „Die nächste Projektgruppe bitte." Und schon bekommen wir Blindenstöcke in die Hand. Sie sind unser einziger Halt. Ich klammere mich ängstlich an den Stock. Und los geht's. […] Das Durchqueren eines Raumes ist wie eine Weltreise. Und das Überqueren einer Straße wie ein gefährliches Abenteuer! Wie kann man denn als blinde Person sicher über eine Straße gelangen? […] Ich erfahre, dass es dafür spezielle Ampeln gibt. Sie geben ein Signal ab, das blinde Menschen hören. Wir schaffen es über die Straße.

Es warten weitere Abenteuer auf uns: Bei einer nachgespielten Hafenrundfahrt schaukelt es gewaltig. Bei einem Musical-Besuch höre ich die Musik so intensiv** wie nie zuvor. Und … und … und. Schließlich haben wir das Abenteuer gemeistert! Wir sind so stolz! Zum Abschluss sitzen wir zusammen mit unserem Guide in einer Bar, die ebenfalls ganz dunkel ist. Wir sind neugierig … Unser Guide erzählt, dass er gern Abenteuerromane liest.

**stark

Wie funktioniert eigentlich die Blindenschrift? „Die Buchstaben stehen etwas hervor. Blinde Menschen ertasten die Schrift mit den Fingerkuppen“, erklärt uns der Guide. „Diese Schrift ist schon ziemlich alt. Sie heißt Braille-Schrift.*** Sie wurde Anfang des 19. Jahrhunderts von dem Franzosen Louis Braille entwickelt. Die Buchstaben und Zahlen dieser sogenannten Punktschrift bestehen aus höchstens sechs Punkten [...]. Die unterschiedliche Anordnung der Punkte ergibt Buchstaben, die zusammen ein Alphabet bilden. Daraus lassen sich Wörter und Sätze bauen.“ Wow! Was für eine clevere Erfindung! [...]

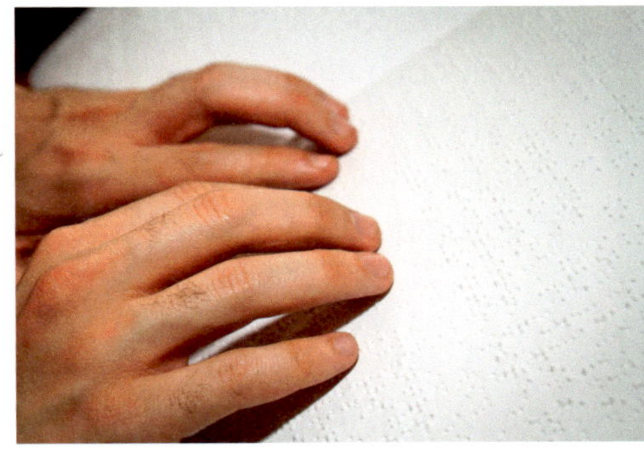

***sprich: Brehl-Schrift

Allmählich ist es Zeit, in die Welt der Sehenden zurückzukehren. Wir verlassen die Dunkelbar, öffnen vorsichtig unsere Augen und bekommen erst jetzt unseren Guide zu sehen. Er ist so Mitte 20, sein Lächeln ist so warm wie seine Stimme. Er wartet geduldig, bis wir uns wieder an das Licht gewöhnt haben. [...] Wir verabschieden uns von ihm und treten nach draußen ins Sonnenlicht. Was für eine Erfahrung! An diesem Tag sind wir wohl alle mit dem Gefühl nach Hause gegangen, unsere Welt tatsächlich ein wenig neu entdeckt zu haben. V

b Beschreibt euren ersten Eindruck von dem Text.

Ich finde den Text sehr ...

unterhaltsam • interessant • informativ • lebendig • ...

2 Worum geht es in der Reportage?
Kreuze die Aussage an, die das Thema der Reportage am treffendsten benennt.

A	☐	In der Reportage bekommen blinde Menschen Tipps für die Gestaltung ihres Alltags.
B	☐	In der Reportage geht es um blinde Menschen.
C	☐	In der Reportage wird geschildert, wie eine Projektgruppe im Dunkeln eine Ausstellung durchläuft. Sie erleben, wie blinde Menschen ihre Umwelt wahrnehmen.

3 Untersuche die Merkmale der Reportage.

a Lies noch einmal die beiden markierten Textstellen auf der Seite 183.

b Vergleiche die **zwei Textstellen** miteinander.
Sprich mit einer Partnerin oder einem Partner.

c Verbinde die Textstellen mit den passenden Merkmalen.

1. Textstelle Das Thema der Projektwoche war „Unsere Welt neu entdecken". Dabei sollten wir unsere gewohnte Welt anders wahrnehmen. Ich entschied mich für den Besuch der Ausstellung, die in die Welt von blinden Menschen führt.	– schildert Gedanken und Gefühle – wörtliche Rede kommt vor
2. Textstelle Ich fragte mich etwas ängstlich, wie ich wohl Situationen meistern würde, ohne etwas sehen zu können. Unsere Projektleiterin beruhigte mich: „Keine Sorge, ihr werdet vom Guide Tipps bekommen, wie ihr das schaffen könnt."	– gibt rein sachliche Informationen wieder – beantwortet W-Fragen

d Stellt euch eure Ergebnisse vor.

4 Welche Stilmittel kommen in den Sätzen aus der Reportage vor?
Schreibe die Sätze in dein Heft und daneben die verwendeten Stilmittel.

wörtliche Rede • anschauliche Verben • ausdrucksstarke Verben • Zeitform Präsens (Gegenwart)

A „Blinde Menschen ertasten die Schrift mit den Fingerkuppen", erklärt uns der Guide.

B Ich klammere mich ängstlich an den Stock.

Die Reportage

Eine Reportage enthält meist sowohl **berichtende** als auch **schildernde Textstellen.**

- Berichtende Stellen geben sachliche Informationen und beantworten **W-Fragen.**
- Schildernde Stellen beschreiben **Sinneswahrnehmungen,** also was man sieht, hört, riecht, schmeckt, fühlt sowie **Gedanken und Gefühle** des Reporters oder der Beteiligten.
- Als Stilmittel findet man zum Beispiel **anschauliche Adjektive,** ausdrucksstarke Verben und wörtliche Rede.
- In Reportagen wird oft die **Zeitform Präsens (Gegenwart)** verwendet.

10 Das willst du!? – Werbung untersuchen und gestalten

Werbeanzeige des Deutschen Roten Kreuzes

1 **a** Sieh dir die Werbeanzeige an.
- Lies die Texte.
- Betrachte die Person und den Hintergrund.

b Beschreibe deiner Partnerin oder deinem Partner das Bild ganz genau.

Die Person auf dem Bild ist/trägt/hat/steht …

Im Hintergrund sieht man …

Die Überschrift lautet …

Das Symbol unten rechts ist ein …

c Das **Deutsche Rote Kreuz** rettet Menschen, hilft in Notlagen und steht den Armen und Bedürftigen bei.
Was möchte die Werbeanzeige aussagen? Beendet den Satz.

In der Werbeanzeige geht es darum, dass …

2 Tauscht euch über Werbung aus.
- Welche Werbung kennt ihr?
- Wo könnt ihr Werbung sehen?

A Wir möchten Werbung für junge Menschen machen, weil sie neugierig sind.
Sie probieren gerne neue Geschmackserlebnisse aus.
Unsere **Zielgruppe** sind Teenager und junge Erwachsene.

B Ich finde, ein englischer **Slogan** passt gut zur Zielgruppe. Zum Beispiel: „fresh, fruity, freedom*".
Das gibt dem Produkt ein cooles und modernes **Image.**

* sprich: fresch, frjüdi, friedm
frisch, fruchtig, Freiheit

1 Ein Team in einer Werbeagentur plant die Werbung für ein neues Produkt. Sie möchten Werbung für einen **Smoothie** machen. Lies die Sprechblasen.

2 Das Team verwendet viele Fachbegriffe.

a Ordne den Fachbegriffen die richtige Erklärung zu. Verbinde.

die Zielgruppe	ein Spruch, den man sich gut merken kann
der Slogan	Außenwirkung oder Ruf
der Eyecatcher	ein Etikett, auf dem die Marke zu sehen ist Es ist auf der Verpackung oder auf dem Produkt
das Image	ein Symbol oder Zeichen, das für ein bestimmtes Produkt steht
das Logo	Es wird festgelegt, für wen die Werbung gemacht wird. Zum Beispiel werden Alter, Geschlecht und Interessen berücksichtigt.
das Label	ein besonders auffälliges Bild oder Element in einer Werbeanzeige

b Übt die Begriffe und Erklärungen. Fragt euch ab.

Was bedeutet …?

Der Begriff … bedeutet …

C Wir brauchen einen guten **Eyecatcher**,** etwas das jungen Leuten sofort ins Auge springt.
Das könnte ein Foto vom Produkt sein.
Oder brauchen wir ein Bild von einem Model, das den Smoothie trinkt?

** sprich: Eikätscher

D Die Werbung sollte ein Gefühl von Spannung, Abenteuer oder Freiheit wecken.
Wenn man den Smoothie trinkt, ist das Leben nicht mehr langweilig.

E Reicht es aus, wenn man **das Logo** nur auf **dem Label** der Flasche sieht?
Oder sollte das Logo noch einmal extra gezeigt werden?

3 Was fällt dir an dem Slogan „fresh, fruity, freedom" auf?
Ergänze die Sätze in deinem Heft.

Der Slogan ist in ? Sprache geschrieben.
Jedes Wort beginnt mit dem Buchstaben ?.
Dadurch bleibt er gut im Kopf.

4 Fallen euch lustige oder interessante Werbungen ein?
Sprecht darüber.

5 In der Tabelle siehst du in der linken Spalte Medien, die für Werbung genutzt werden.
Ordne eine oder mehrere Zielgruppen in der rechten Spalte zu.
Tipp: Wer liest in der Zeitung? Wer ist eher im Internet unterwegs?

Kinder • Teenager • berufstätige Erwachsene • junge Eltern • Rentner • Sportfans

Medien	Zielgruppen
auf Plakaten	
im Radio	
in der Zeitung	
im Fernsehen	
im Kino	
im Internet	
in Social-Media-Kanälen	

Werbung untersuchen

Ziel und Gestaltung einer Werbeanzeige untersuchen

1 **a** Sieh dir die Werbeanzeige an.
b Beschrifte die Werbeanzeige: Male Pfeile an die Gegenstände und Lebewesen. Schreibe die Wörter aus dem Kasten dazu.

die Turmspitzen des Kölner Doms • der blaue Himmel • die Sanddüne • die Sandwüste • die Kamele • die Karawane

der Hintergrund

der Eyecatcher

der Slogan

das Logo

Werbeanzeige der Kölner Verkehrsbetriebe (KVB)

c Beschreibe die Werbeanzeige deiner Partnerin oder deinem Partner.

Auf dem Bild sind …

Ich sehe …

Komisch finde ich, dass …

2 Untersuche den Aufbau der Werbeanzeige genauer.
Schreibe die vollständigen Sätze in dein Heft:
Der Eyecatcher auf der Werbeanzeige ist …
Im Hintergrund sieht man …
Der Slogan lautet: „…“.
Das Logo ist …

Sprachliche Mittel in der Werbung entdecken und Werbebotschaften ableiten

1 **a** Lies die Werbesprüche (Slogans).

A **JEDERZEIT GRIFFBEREIT.**
(Marke: Nutella B-ready)

B **JUST DO IT.**
(Marke: Nike)

C **Actimel activiert Abwehrkräfte**
(Marke: Actimel)

D **Wohnst du noch oder lebst du schon?**
(Marke: IKEA)

b Wie gefallen euch die Slogans? Begründet eure Meinung.

> Mir gefällt der Slogan … gut/nicht gut, weil …

c Kennt ihr noch andere Slogans?
Erzähle deiner Partnerin oder deinem Partner davon.

2 Untersuche die Slogans. Markiere …
grün: einen Slogan in **englischer Sprache.** (Das wirkt modern!)
blau: einen Slogan, der sich **reimt.** (Das kann man sich gut merken!)
rot: einen Slogan, der als **Frage** gestellt ist. (Da fühlt man sich direkt angesprochen!)
gelb: einen Slogan, der immer den **gleichen Anfangsbuchstaben** verwendet. (Der bleibt im Kopf!)

3 Untersuche die Werbeanzeige.
a Sieh dir das Bild genau an.
b Lies den Slogan und den Text auf der Flasche.
c Was gehört zusammen?
Trage jeweils den passenden Buchstaben in die Kästchen ein.

Der Eyecatcher ist das Bild ☐.

Die Farbe der Flasche ist ☐.

Auf dem Label steht ☐.

Der Slogan besteht aus ☐.

Der Slogan bedeutet normalerweise ☐.

In dieser Werbung bedeutet der Slogan aber ☐.

Werbeanzeige für einen Smoothie

A grün • **B** vier Wörtern • **C** die Schule zu schwänzen • **D** „innocent BLUE BREAK“ •
E einer runden Frucht, die Augen und einen Heiligenschein hat •
F dass, wenn man den Smoothie trinkt, man aus seinem langweiligen Alltag flüchten kann

Werbung in verschiedenen Medien untersuchen

1 **a** Sieh dir die Werbeanzeige aus dem Internet an.
Was siehst du auf den Bildern?
Welche Texte gibt es?

b Für welche Produkte wird geworben? Schreibe auf.

2 Welche Vorteile und welche Nachteile hat Internetwerbung?

a Übertrage die Tabelle in dein Heft.

b Ordne die Sätze richtig zu.

Die Werbung ist auf die Interessen der Nutzerinnen und Nutzer abgestimmt. •
Achtung: Man erkennt Online-Werbung nicht immer als Werbung! •
Man gelangt schnell zum Online-Shop und kann die Produkte dort bestellen. •
Man hinterlässt Spuren im Netz. Zum Beispiel werden Suchbegriffe gespeichert und dann werden dadurch Werbeanzeigen angezeigt.

Vorteile	Nachteile
…	…

Eine Werbeanzeige analysieren und bewerten

1 **a** Sieh dir die Werbeanzeige an.
b Was kannst du alles sehen und lesen?
Sprich mit einer Partnerin oder einem Partner darüber.

2 Untersuche die Werbeanzeige.
a Mache dir Notizen zu den Bildern und Texten in den Kästchen.

Im Hintergrund:

Im Vordergrund:

(rot)

Werbeanzeige einer Umweltorganisation

Das Hinweisschild:

Der Slogan (Titel):

(weiß)

Das Logo
(Von wem ist
die Werbung?):

b Beschreibe deiner Partnerin oder deinem Partner nun den Aufbau der Werbeanzeige.
Im Vordergrund sieht man ein Foto von …
Im Hintergrund erkennt man …
Das Logo ist … / Es befindet sich …
Der Slogan lautet: …
Oben rechts ist eine Aufforderung, sie lautet: …

3 Die Werbeanzeige ist von der Umweltorganisation **Greenpeace.** Es ist eine Mitmachwerbung. Welches Ziel hat diese Anzeige? Kreuze an.

- [ ] Die Werbeanzeige weckt das Interesse an Tauchurlaub.
- [ ] Die Werbung ruft dazu auf, eine Umweltorganisation beim Schutz der Meere zu unterstützen.

4 Welche Farben kannst du auf der Werbeanzeige sehen? Beschrifte.

rot: warnend, Signal • blau: kühl • gelb: warm und fröhlich • grün: natürlich • weiß: sauber, friedlich

Die Werbeanalyse schreiben

5 Nun kannst du deine Ergebnisse nutzen, um die Lücken in der Werbeanalyse zu füllen. Ergänze die Lücken.

Einleitung: In der Werbeanzeige ruft die Umweltorganisation ______________________ dazu auf, dass die Menschen ______________________________________ ______________________. Es handelt sich um eine ______________________________.

> das Meer und die Tiere schützen • Mitmachwerbung • ~~Werbeanzeige~~ • Greenpeace

Hauptteil: Im Vordergrund, unten im Bild, sieht man eine ______________________________________

Hier wurde die Farbe ______________ gewählt, da es dadurch sehr auffällt und eine ______________________ Wirkung hat. Der Hintergrund ist in den Farben ______________, ______________ und ______________ gestaltet. Im Hintergrund, oben im Bild, erkennt man einen ______________________, viele ______________________ und ______________________________. Das Hinweisschild rechts oben ist ______________________. Dadurch fällt es sehr auf. Der Slogan befindet sich in der Mitte der Anzeige. Es sind ______________________ Großbuchstaben. Das Logo **Greenpeace** ist auch in ______________________ Schrift und sieht aus wie von Hand geschrieben. Das soll persönlicher wirken.

> neongrün • Wasserpflanzen • Schildkröte mit Korallen • weiße • Blau • Grün • Gelb • weißer • warnende • Delfin • Haie • Rot

Schluss: Ich finde die Werbeanzeige ______________________, weil ______________________________________ ______________________________________.

> die Tiere und Farben sehr gut wirken / der Slogan gut gewählt wurde • gelungen/kreativ/modern

Einen Sachtext zum Thema Werbung lesen

1 Lies den Text.

1 Ist dir schon mal aufgefallen, dass es Shampoos gibt, die nur für Mädchen oder nur für Jungen gedacht sind? Das liegt daran, dass die Unternehmen für ihre Werbung zum Beispiel bestimmte Farben und Themen verwenden. Wenn die **Werbung für Mädchen** sein soll, ist diese oft rosa, zeigt Pferde, Einhörner und es geht ums Schminken oder darum, sich hübsch anzuziehen. Bei **Werbung für Jungen** findet man zum Beispiel die Farbe Blau, Dinos, Piraten und Fußballer.

2 Jedes Jahr wird ein **Negativpreis** (ein Preis für eine schlechte Leistung) an Unternehmen vergeben. Dieser Preis heißt **Der Goldene Zaunpfahl***. Er ist für Unternehmen, die für Produkte werben, die nur für Mädchen oder nur für Jungen sind.

3 Manche meinen, das sei alles nicht so schlimm. Doch Untersuchungen zeigen deutlich: Kinder orientieren sich an den Vorbildern in der Werbung. Werbung beeinflusst, was Kinder anziehen, was sie essen, was sie spielen, was sie mögen und wie sie über Mädchen und Jungen denken.

* Hinweis: „Der Wink mit dem Zaunpfahl" ist eine Redewendung. Sie wird verwendet, wenn man jemanden auf etwas hinweisen möchte, was unübersehbar ist.

2 Ergänze die Tabelle. Die Zeilenangaben helfen dir dabei.

Frage	Informationen aus dem Text	Zeile
Wie wird Werbung für Mädchen gestaltet?		5–7
Wie wird Werbung für Jungen gestaltet?		8–9
Was ist ein Negativpreis?		10–11
Wie heißt der Preis?		12

Eine Werbeanzeige gestalten

Eine Werbeanzeige planen

1 **a** Sieh dir das Foto mit den blauen Himbeeren an.
b Wofür könnte das Foto werben? Sprecht darüber.

für ein Produkt oder ein Logo, das etwas mit der Farbe blau zu tun hat •
für ein Produkt, das einen überrascht •
für ein Produkt, das ganz anders ist, als man es kennt

2 Erstellt eine Werbeanzeige für dieses Fantasieprodukt. Macht euch Notizen.

	Ideen/Beispiele	deine Notizen/Ideen
das Produkt/der Name des Produkts	Welches Produkt könnte hinter dem Bild stecken? Etwas (Bonbon, Weingummi, …), was blau ist, aber nach Himbeere schmeckt.	
der Name und das Logo des Unternehmens	Wähle eine Farbe für das Logo, die man gut auf dem blauen Untergrund erkennt. Beispiel: weiß oder orange	
die Besonderheiten des Produkts (Kurzinformationen)	Was soll man mit dem Produkt verbinden? Beispiel: ein aufregendes Geschmackserlebnis	
die Zielgruppe	Kinder/Teenager/Erwachsene/Familien/Rentner	
der Slogan	– **Reimwörter:** blau – schlau – **alle Wörter mit „b“ anfangen lassen** – **Redewendungen:** Da erlebst du dein blaues Wunder! – **englische Wörter:** blue, break – **Adjektive:** frei, schlau, anders – **Verben:** genießen, erleben – **Nomen:** der Genuss, der Spaß	

3 Wie könnte der Aufbau der Werbeanzeige sein?
Erstellt eine Skizze in eurem Heft.
Tipp: Im Hintergrund können die blauen Himbeeren als Eyecatcher angeordnet werden, darüber der Slogan und das Logo.

11 Forschen und experimentieren – Grammatiktraining

A Ich erinnere mich noch genau an den Versuch im Physikunterricht. Wir haben alle total gestaunt. Wir konnten uns echt nicht erklären, wieso die CDs zusammenkleben.

B Befeuchte eine CD und lege eine zweite CD darauf. Versuche nun, die beiden CDs wieder voneinander zu trennen. Das geht nicht, weil die Anziehungskraft und der Luftdruck es verhindern.

1 **2**

1 Zwei Personen sprechen über ein Experiment.

a Wer könnten die Personen A und B sein? Ergänze die Sätze.

ein Kind • eine Schülerin • ein Schüler • eine Lehrerin • ein Lehrer • eine Mutter • ein Vater • eine Oma • ein Opa

Person A könnte ______________________________.

Person B ______________________________.

b Wie unterscheidet sich das Gesagte von Person A und Person B? Achtet auf: Satzanfänge, Wortwahl und Verständlichkeit, Sprecht darüber.

So könnt ihr geheime Botschaften mit Zaubertinte schreiben

1 Zuerst füllt ihr etwas Zuckerwasser in eine kleine Schale.	**2** Anschließend tunkt ihr ein Wattestäbchen in das Zuckerwasser und schreibt damit etwas auf ein weißes Blatt Papier.

1 a Betrachte das Experiment auf beiden Seiten.
b Lies die Beschreibung.
c Schlagt das Arbeitsheft zu.
Wie kann man mit Zaubertinte schreiben? Beschreibt es euch gegenseitig.

2 Suche in den Beschreibungen 1 bis 3 für jede Wortart zwei Beispiele.
Schreibe sie auf.

das Verb (Tätigkeitswort): ______________________

der Artikel (Begleitwort): ______________________

das Nomen (Hauptwort): ______________________

das Adjektiv (Eigenschaftswort): ______________________

die Präposition (Verhältniswort): ______________________

das Personalpronomen (Fürwort): ______________________

das Possessivpronomen
(besitzanzeigendes Fürwort): ______________________

A

3 Wenn das Papier trocken ist,
bügelt ihr es mit einem Bügeleisen.
Seine Temperatur muss möglichst
heiß sein.
Dann könnt ihr eure Schrift
auf dem Papier sehen.

B

3 Welche Wortart passt zu welcher Aussage?
Überlegt gemeinsam und verbindet passend.

A steht vor einem Nomen und zeigt an, ob es männlich, weiblich oder sächlich ist	**1** das Verb (das Tätigkeitswort)
B kann ein Nomen ersetzen	**2** das Adjektiv (das Eigenschaftswort)
C kann man steigern	**3** das Personalpronomen (das Fürwort)
D kann in verschiedenen Zeitformen stehen	**4** das Nomen (das Hauptwort)
E kann im Singular (Einzahl) oder im Plural (Mehrzahl) stehen	**5** der Artikel (der Begleiter)
F steht vor einem Nomen und bestimmt den Fall	**6** das Possessivpronomen (das besitzanzeigende Fürwort)
G steht vor einem Nomen und gibt an, wozu oder zu wem etwas gehört	**7** die Präposition (das Verhältniswort)

Wortarten unterscheiden

Nomen und ihre Artikel erkennen

1 a Lies den Text.

Blüten verändern ihre Farbe

1 Schneidet einige Blumen mit weißen Blüten an dem Stängelende an.

2 Tropft etwas blaue Tinte in das warme Wasser einer Vase und rührt um. Stellt die frischen Blumen hinein. Lasst sie einige Zeit an einem hellen Ort stehen.

3 Bald färben sich die Blüten der Blumen blau. Das kommt von dem farbigen Wasser. Der Blumenstängel transportiert das farbige Wasser nach oben in die Blüte. Das schadet den Blumen nicht.

b Suche die 16 Nomen im Text heraus. Unterstreiche sie.

c Markiere die 16 Nomen mit ihren Signalwörtern in der jeweiligen Farbe.

bestimmter Artikel (der, die, das, den): das Experiment	unbestimmter Artikel (ein, eine, einer, einem): eine Vase	Adjektiv (Eigenschaftswort): weißen Blüten	Zahlwort: (einige, etwas) einige Blumen

2 Bestimme den Fall der markierten Nomengruppen. Schreibe auf.
Tipp: Die Fragewörter im Infokasten helfen dir.

Der Blumenstängel transportiert das farbige Wasser nach oben.
Frage: **Wer oder was** transportiert das farbige Wasser nach oben?

Fall: ______________________________

Der Blumenstängel transportiert das farbige Wasser nach oben.
Frage: **Wen oder was** transportiert der Blumenstängel nach oben?

Fall: ______________________________

Das schadet den Blumen nicht. Frage: **Wem** schadet es nicht?

Fall: ______________________________

Das Nomen (das Hauptwort)
Man unterscheidet vier Fälle:

1. Fall Nominativ (Wer oder was?):	Die Blume ist anfangs weiß.
2. Fall Genitiv (Wessen?):	Die neue Farbe der Blume hängt von der Tinte ab.
3. Fall Dativ (Wem?):	Wir geben der Blume farbiges Wasser.
4. Fall Akkusativ (Wen oder was?):	Wir untersuchen die Blume.

Mit Pronomen Nomen und Wortgruppen ersetzen

1 a Lies den Text.

Wasser steht auf dem Kopf

Was passiert, wenn du ein Glas voll mit Wasser umdrehst?
Du denkst, das Wasser platscht raus? Falsch.
Stelle ein Glas in eine Schüssel und fülle es
(das Glas) randvoll mit Wasser.
Lege ein Stück feste, durchsichtige Folie
darauf. Sie (die ______________) sollte
es (______________) so bedecken, dass keine Luft eingeschlossen wird.
Drehe es (______________) nun auf den Kopf
und halte sie (______________) fest.
Wenn es (______________) umgedreht ist, kannst du
sie (______________) loslassen. Du wirst sehen: Das Wasser läuft nicht heraus.

b Hättet ihr gedacht, dass das Wasser im Glas bleibt?
Sprecht darüber.

2 Schreibe hinter die Personalpronomen die richtigen Nomen in die Klammern:
entweder **die Folie** oder **das Glas**.

> **Das Personalpronomen** (das Fürwort)
> **Personalpronomen ersetzen Nomen:**
> ich, du, er, sie, es, wir, ihr, sie, mich, dich, ihn, ihm, uns, euch, mir.
> Beispiel: **Das Wasser** platscht nicht aus **dem Glas.** Es bleibt in ihm.

3 a Lies den Text.

Nimmst du mein Glas für deinen Versuch?
Du kannst auch gerne unsere Folie benutzen.
Du wirst sehen, deine Kleidung wird nicht nass werden.
Unser Kunststück wird gelingen.

b Markiere die fünf Possessivpronomen farbig.

> **Das Possessivpronomen** (das besitzanzeigende Fürwort)
> **Possessivpronomen** zeigen, wozu oder **(zu) wem etwas gehört:**
> mein, meine, dein, deine, ihr, ihre, sein, seine, unser, euer.
> Beispiel: Gib mir mein Glas.

Mit Adjektiven anschaulich formulieren

1 a Lies den Text.

Eine Temperatur fühlt sich unterschiedlich an

Deine Hände können manchmal nicht unterscheiden,
ob du sie in warmes Wasser oder in kaltes Wasser hältst.
Für den Versuch brauchst du drei Schüsseln.

In die erste Schüssel füllst du (eiskalt) eiskaltes Wasser,

in die zweite Schüssel kommt (heiß) heißes Wasser.

Du sollst die Temperatur aber noch gut aushalten können.

In die dritte Schüssel gießt du

(lauwarm) ____________________ Wasser.

Dann halte deine rechte Hand in die Schüssel

mit (heiß) ____________ Wasser.

In die Schüssel mit (eiskalt) ____________ Wasser

tauchst du deine linke Hand.

Warte einen (kurz) ____________ Moment,

bis sich deine Hände an die Temperatur gewöhnt haben.

Dann tauche die Hände gleichzeitig in das (lauwarm) ____________________ Wasser.

Die linke Hand aus dem (eisig) ____________ Wasser fühlt nun wärmer.

Die rechte Hand aus dem (heiß) ____________ Wasser fühlt jetzt kälter.

b Setze die Adjektive in den Klammern in der richtigen Form ein.
Achtung: Die Endungen verändern sich.

c Markiere die Endungen.

2 Vergleicht in Partnerarbeit die Größe der Schüsseln.
Die rote/grüne/blaue Schüssel ist so groß wie …
Die rote/grüne/blaue Schüssel ist kleiner als …

Das Adjektiv (das Eigenschaftswort)
Mit Adjektiven kann man etwas genauer **beschreiben.**
Beispiel: die rote Schüssel
Adjektive **verändern ihre Endung** je nachdem, wie man sie im Satz benutzt.
Beispiel: Die rote Schüssel steht links. Das Wasser in der roten Schüssel ist heiß.

Präpositionen richtig verwenden

1 **a** Sieh dir die Abbildungen an.
b Lies den Lückentext.

Ein Luftballon duftet

A Wenn man die Nase ___gegen___ einen Luftballon drückt, dann riecht er nur ________ dem Gummi. Aber nicht ________ dem folgenden Versuch. ________ den Versuch brauchst du einen Luftballon und einen Duftstoff, wie zum Beispiel Parfüm oder Vanillezucker. Der sorgt ________ den guten Geruch.

B Fülle etwas ________ dem Vanillezucker in den Ballon. Puste dann ________ deinem Mund Luft in den Ballon. Knote den Ballon zu und binde ihn ________ einem Band fest. Warte 15 bis 20 Minuten. Danach kannst du ________ das Zimmer gehen und der gute Duft umweht dich.

c Setze die passenden Präpositionen aus der Tabelle in den Text ein.

Dativ-Präpositionen	nach	bei	von	mit (2-mal)
Akkusativ-Präpositionen	gegen	für (2-mal)	durch	

d Markiere die Dativ-Präpositionen mit einer Farbe und die Akkusativ-Präpositionen mit einer anderen Farbe.

Die Präposition (das Verhältniswort)
Präpositionen stehen vor dem Nomen und **bestimmen den Fall,** in dem das Nomen und sein Begleiter stehen müssen.

Mit Konjunktionen Wortgruppen und Sätze vebinden

1 **a** Lies die Texte A bis C.

Ein Luftballon platzt nicht

Text A

1 Man sticht in einen Luftballon. Er platzt.
2 Das ist doch normal? Siehst du das anders?
3 Beim folgenden Experiment stichst du eine Nadel in den Ballon. Die Luft bleibt drin.
4 Unglaublich? Wahr!

Text B

1 Wenn man in einen Luftballon sticht, platzt er.
2 Das ist doch normal oder siehst du das anders?
3 Beim folgenden Experiment stichst du eine Nadel in den Ballon und die Luft bleibt drin.
4 Unglaublich, aber wahr!

Text C

So funktioniert das Experiment:
Puste einen Luftballon auf, ? nicht zu prall ? knote ihn zu.
Klebe zwei Streifen Klebeband so auf den Ballon, ? sie ein Kreuz bilden.
? du jetzt mit der Nadel hineinstichst, bleibt der Ballon ganz.

b Vergleicht die zwei **Texte A und B.**
Worin unterscheiden sich jeweils die Sätze 1 bis 4? Sprecht darüber.
Tipp: Beachtet die markierten Wörter in Text B.

2 Schreibe **Text C** ab und ergänze passende **Konjunktionen** (Bindewörter) aus dem Kasten.

Konjunktionen:
oder • und • denn • aber • als • obwohl • da • weil • damit • dass • wenn • während

3 Rahme in den **Sätzen A bis D** jeweils die Konjunktion (das Bindewort) ein.

A Fußbälle bestehen aus einer Innenhaut aus Gummi und aus einer Außenhaut aus Leder.
B In unplattbaren Reifen bleibt eine Heftzwecke stecken, aber sie richtet keinen Schaden an.
C Man kann unplattbare Reifen oder unplattbare Schläuche für das Fahrrad kaufen.
D Wenn wir zelten, schlafe ich auf einer Luftmatraze.

Die Konjunktion (das Bindewort)
Konjunktionen **verbinden Wörter, Wortgruppen oder Sätze.**
Beispiele:
Die Luft entweicht, denn der Fahrradschlauch hat ein Loch.
Die Luft entweicht, da der Fahrradschlauch ein Loch hat.
Ihr stecht in den Ballon und die Luft bleibt drin.
Beachte: Vor der Konjunktion **und** muss man kein Komma setzen.

Verben in verschiedenen Zeitformen verwenden

Zeitformen der Gegenwart und der Zukunft: Das Präsens und das Futur I

1 **a** Sieh dir die Abbildungen an.
b Lies den Lückentext.

Die Luftballon-Rakete

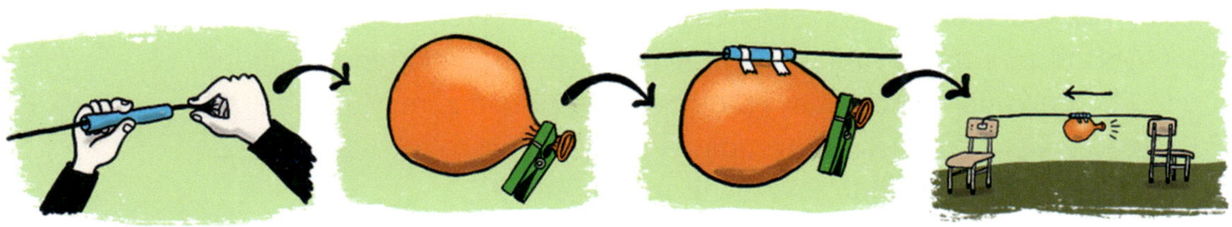

So (bauen) baut ihr eine Luftballon-Rakete: Zuerst (fädeln) ________ ihr ein drei Meter langes Nähgarn durch einen Trinkhalm. Dann (befestigen) ________ ihr das eine Ende des Nähgarns mit Klebestreifen an einem Stuhl und das andere Ende an einem anderen Stuhl. Nun pustet ihr einen Luftballon auf und (verschließen) ________ ihn mit einer Wäscheklammer. Danach (kleben) ________ ihr den Trinkhalm mit Klebestreifen seitlich auf den Ballon. Zum Schluss (schieben) ________ ihr den Trinkhalm an das Fadenende, zu dem die Wäscheklammer (zeigen) ________. Dann (lösen) ________ ihr die Klammer. Der Luftballon (sausen) ________ an dem Faden entlang zum anderen Stuhl.

c Schreibe die Verben im **Präsens** (Gegenwartsform) auf die Linien.
Tipp: Präsens: Wenn etwas gerade in diesem Augenblick passiert.

2 Stell dir vor, ihr führt den Versuch erst **morgen** durch.
Schreibe die Sätze im **Futur I** (Zukunftsform) in dein Heft.
Tipp: Du brauchst für jeden Satz eine Form von **werden.**

So werdet ihr (morgen) eine Luftballon-Rakete bauen.

werden
ich werde
du wirst
er/sie/es wird
wir werden
ihr werdet
sie werden

Zeitformen der Vergangenheit: Das Präteritum

1 **a** Lies den Text.

Reisen ins All – zur Geschichte der Raumfahrt

A Die Menschen interessierten sich schon immer dafür, wie weit der Himmel reicht. Früher erfanden sie Geschichten dazu und erzählten sie weiter. Vor etwa 120 Jahren begannen Wissenschaftler, Ideen für Reisen ins Weltall zu entwickeln. Sie planten verschiedene Raketenantriebe und dachten auch schon über Flüge zum Mond und zum Mars nach. Es gab bereits die ersten Flugzeuge. Aber viele Menschen glaubten nicht an Raumflüge.

b Schreibe die markierten Verben in dein Heft und daneben den Infinitiv (die Grundform).
interessierten – interessieren,
erfanden –

Der Infinitiv:
Grundform des Verbs mit der Endung -en
= wir-Form

Zeitform der Vergangenheit: Das Präteritum
Wenn man **schriftlich** von etwas **Vergangenem** erzählt (zum Beispiel in Briefen, Geschichten, Berichten), verwendet man das Präteritum.
Beispiele:
planen: ich plante, du plantest, er/sie/es plante, wir planten, ihr plantet, sie planten
fliegen: ich flog, du flogst, er/sie/es flog, wir flogen, ihr flogt, sie flogen

Zeitformen der Vergangenheit: Das Perfekt

Eine Schülerin und ein Schüler berichten von ihren selbst gebauten Raketen aus der AG:

A Wir haben neulich selbst Raketen gebaut. Dafür haben wir leere Filmdosen benutzt. Beim ersten Versuch ist meine Rakete aber leider nicht nach oben geflogen.

B Für meine Rakete habe ich ein rundes Stück Karton bis zur Mitte eingeschnitten. Dann habe ich es zu einem Trichter gedreht und meine Freundin hat es verklebt. Danach haben wir den Trichter als Raketenspitze auf dem Boden der Fillmdose befestigt.

2 Die Vergangenheitsform Perfekt wird jeweils mit zwei Wörtern gebildet. Markiere sie in jedem Satz.

Zeitform der Vergangenheit: Das Perfekt (besteht aus zwei Wörtern)
Wenn man **mündlich** von etwas **Vergangenem** erzählt, verwendet man oft **das Perfekt.**
Bildung: **Form von haben/sein im Präsens** (Gegenwart) **+ Partizip II**
Beispiele: ich habe gesehen, ich bin gerannt, sie ist gerannt

Sätze untersuchen

Satzglieder bestimmen: Subjekt, Prädikat, Objekt

1 **a** Lies den Text.

Die Erfindung des Rads

A Viele Menschen halten das Rad für die wichtigste Erfindung aller Zeiten. Forschende fanden die ältesten Räder bei Ausgrabungen. Die Menschen bauten wahrscheinlich dort vor sechstausend Jahren die ersten Räder.

B Die Erfindung des Rades hat das Leben der Menschen verändert. Das Rad hat anfangs vor allem das Leben der Bauern erleichtert. Heute werden Räder unterschiedlich genutzt. Das Prinzip ist aber gleich geblieben.

b Subjekt oder Prädikat?
Bestimmt in **Abschnitt A** die markierten Satzglieder. Nutzt die Satzgliedfragen.

Wer (oder was) hält das Rad für die wichtigste Erfindung?

Antwort: viele Menschen (= Subjekt)

Was machen viele Menschen?

Antwort: Viele Menschen halten (= Prädikat) das Rad für die wichtigste Erfindung.

Wer (oder was) fand ______

Antwort: ______ (= ______)

Was machten die Forschenden? ______

Antwort: (Sie) ______ (= ______)

Wer (oder was) ______

Antwort: ______ (= ______)

Was ______

Antwort: ______ (= ______)

c Unterstreiche in **Abschnitt B** in jedem Satz die zwei Prädikatsteile.

2 Lies den Text.

Die Entdeckung der Röntgenstrahlung

1 1895 entdeckte Wilhelm Conrad Röntgen die Röntgenstrahlen.
2 Ein Zufall half dem Professor dabei.
3 Röntgen benannte die Strahlen übrigens nicht nach sich selbst.
4 Ein Kollege gab den Strahlen den Namen „Röntgenstrahlen".
5 In seinem Labor schirmte Röntgen eine besondere Leuchtröhre lichtdicht ab.
6 Plötzlich entdeckte er in einiger Entfernung ein lichtempfindliches Papier.
7 Das Papier leuchtete, obwohl kein Licht von der Leuchtröhre auf das Papier fiel.
8 Durch diesen Zufall glückte dem Professor die Entdeckung der Röntgenstrahlen.

3 Dativobjekt oder Akkusativobjekt? Schreibe auf.
Bestimme die markierten Satzglieder mit den Satzgliedfragen:
Wem …? für Dativobjekte und Wen oder was …? für Akkusativobjekte.

Wen oder was entdeckte Wilhelm Conrad Röntgen im Jahr 1895?

→ die Röntgenstrahlung → Akkusativobjekt

Wem verhalf ein Zufall dabei?

→ →

Wen oder was benannte Röntgen nicht nach sich selbst?

→ →

Wem gab ein Kollege den Namen „Röntgenstrahlen"?

→ →

Wen oder was schirmte

→ →

Wem glückte

→ →

Die Satzglieder
Sätze bestehen aus **Satzgliedern: das Subjekt, das Prädikat, das Objekt.**
Ein Satzglied kann **aus einem Wort oder mehreren Wörtern** bestehen.
Satzgliedfragen: So fragst du nach den verschiedenen Satzgliedern:

das Subjekt Wer oder was …?	**das Prädikat** Was macht …? Was geschieht …?	**das Dativobjekt** Wem …?	**das Akkusativobjekt** Wen oder was …?
Der Professor	zeigte	seiner Kollegin	den Versuch.

Satzreihen: Hauptsätze miteinander verknüpfen

1 Lies die Sätze.

Die Entwicklung vom Telefon zum Smartphone

A Ende des 19. Jahrhunderts gab es erste Telefone.	**+** Man telefonierte nur zu Hause.
B Zu Beginn gab es nur sehr wenige Telefone.	**+** Das Telefonieren war teuer.
C Die ersten mobilen Telefone füllten einen Autokofferraum aus.	**+** Sie waren so teuer wie ein Auto.
D Ab 1994 konnte man das Handy zum Telefonieren nutzen.	**+** Man konnte sich kurze Textnachrichten schreiben.

2 **a** Lies das Beispiel A.

b Verbinde die Sätze B bis D mit Konjunktionen (Bindewörtern) aus dem Kasten. Schreibe auf die Linien.
Tipp: Achte auf das Komma.

A Ende des 19. Jahrhunderts gab es erste Telefone, aber man telefonierte nur zu Hause.

B Zu Beginn gab es nur sehr wenige Telefone,

Konjunktionen:
(,) und • (,) oder •
, doch • , ~~aber~~ • , denn

C Die ersten mobilen Telefone füllten einen

D Ab 1994

c Markiere das Komma farbig.

d Rahme die Konjunktion (das Bindewort) ein.

Die Satzreihe

– Einen **Satz,** der aus **zwei oder mehr Hauptsätzen** besteht, nennt man **Satzreihe.** In Satzreihen trennt man die einzelnen Hauptsätze durch **Komma** ab.

Beispiel: Smartphones können mehr als Telefone früher, man kann mit ihnen sogar spielen.
Hauptsatz 1 , Hauptsatz 2.

– Oft verbindet man Hauptsätze durch **Konjunktionen** (Bindewörter), wie zum Beispiel **aber, denn, doch.** Dann setzt man vor die Konjunktion ein **Komma.**

Beispiel: Mehrere Forschende entwickelten Ideen für Telefone, aber Herr Bell gilt als Erfinder.
Hauptsatz 1 , Hauptsatz 2.

Satzgefüge: Hauptsätze und Nebensätze verknüpfen

1 Lies den Text.

Die Erfindung des Medikaments Penicillin

A Penicillin ist wichtig.	+ Man behandelt damit durch Bakterien verursachte Krankheiten.
B Viele Krankheiten konnte man heilen.	+ Man hatte das Penicillin entdeckt.
C Fleming gilt als der Erfinder.	+ Er stellte das Medikament nicht selbst her.
D Er wollte eine Schale mit Bakterien wegwerfen.	+ Ein Schimmelpilz war hineingeraten.

2 **a** Verbinde die Sätze B bis D zu Satzgefügen. Schreibe auf die Linien.
Benutze passende **Konjunktionen** (Bindewörter) aus dem Kasten.
Tipp: Achte auf das Komma.

A Penicillin ist wichtig, weil man damit durch Bakterien verursachte Krankheiten behandelt.

B Viele Krankheiten konnte man heilen,

C

D

Konjunktionen:
nachdem • obwohl • als • da • ~~weil~~ • dass

b Markiere das Komma farbig.
c Rahme die Konjunktion (das Bindewort) ein.
d Markiere in den Satzgefügen die Nebensätze.
e Unterstreiche das Prädikat im Nebensatz.
Tipp: Das Prädikat steht im Nebensatz am Satzende.
Du kannst es erfragen mit **Was macht …?** oder **Was geschieht …?**.

Das Satzgefüge
Das Satzgefüge besteht aus einem **Hauptsatz** und mindestens einem **Nebensatz.**
Nebensätze beginnen oft mit einer **Konjunktion** (einem Bindewort),
zum Beispiel: **da, weil, dass, obwohl, damit, wenn, wie, als.**
Nebensätze werden durch ein **Komma** vom Hauptsatz getrennt.

Kausalsätze

Die zunehmende Nutzung der Elektrizität

1 Die markierten Teilsätze in **A** und **B** sind Nebensätze.
Unterstreiche in den beiden Nebensätzen das Prädikat (Was macht …?).

A Der Alltag der Menschen veränderte sich, da man Elektrizität immer häufiger einsetzte.

B Ab etwa 1900 gab es in den Städten Strom, weil Stromkabel verlegt wurden.

2 Bilde Satzgefüge mit Kausalsätzen.

a Setze in die **Satzgefüge C und D** die Konjunktionen (Bindewörter) **weil** und **da** ein.

b Markiere die Nebensätze.
Unterstreiche die Prädikate in den Nebensätzen.
Setze die Kommas.

C Die Städte wurden heller ______________ Straßenlaternen und Neonschilder leuchteten.

D Der Alltag wurde leichter ______________ man viele Elektrogeräte wie den Kühlschrank erfand.

3 **a** Verbinde die **Sätze E und F** zu Satzgefügen mit Kausalsätzen.
Verwende dafür die Konjunktionen (Bindewörter) **weil** und **da.**
Setze die Kommas.

b Rahme die Konjunktion (das Bindewort) ein. Markiere das Komma.

E Der Verkehr wurde schneller,	+ Elektrische Züge und Straßenbahnen wurden entwickelt.

Der Verkehr wurde schneller, weil elektrische Züge ______________

______________.

F Strom aus Sonnenenergie ist heute von großer Bedeutung.	+ Diese Energieform ist sauber.

____

____

Der Kausalsatz
Kausalsätze geben den **Grund** oder die **Ursache** einer Handlung oder eines Zustandes an. Man verwendet dazu die **Konjunktionen** (Bindewörter) **da** und **weil.**
Beispiel:
Wir müssen Sonnenenergie nutzen, weil Kohle, Öl und Gas nur begrenzt vorhanden sind.

Relativsätze

1 a Lies die Sätze.

Die Entwicklung von Videospielen

A Videospiele sind elektronische Spiele, die man auf einem Bildschirm spielt.
B Heute spielen sowohl Kinder als auch Erwachsene gern Computerspiele, die man zu Hause am Computer spielt.
C Manche bevorzugen Konsolenspiele, für die man spezielle Geräte benötigt.

b Die markierten Nebensätze von **A bis C** erklären etwas aus dem Hauptsatz genauer.
Welche Wörter werden genauer erklärt?
Unterstreiche sie.

2 a Schreibe die Satzgefüge **E und F** auf die Schreiblinien.

D Beliebt sind auch Spiele-Apps, die für das Smartphone entwickelt werden.
E Eines der ältesten Videospiele ist das Spiel „Tennis for Two", bei dem zwei Spieler einen Tennisball auf dem Bildschirm hin- und herschlagen.
F E-Sportler sind Computerspieler, die das Spielen als Sport betreiben.

D Beliebt sind auch Spiele-Apps, die für das Smartphone entwickelt werden.

E Eines der

F

b Markiere die Nebensätze.
Tipp: Das Prädikat steht bei Nebensätzen am Ende des Satzes.
c Markiere im Hauptsatz jeweils das Wort, das genauer erklärt wird.

Der Relativsatz
Relativsätze sind **Nebensätze,** die Wörter im Hauptsatz davor genauer **erklären.**
Sie werden mit **der, die, das, welcher, welche, welches** eingeleitet und durch **Komma** vom Hauptsatz abgetrennt.
Beispiel: „Pong" ist ein Spiel, das man vor etwa 50 Jahren spielte.
Das **Prädikat** (Was macht …?) steht **am Ende des Nebensatzes.**

12 Rechtschreibung –
Mit Training zur Meisterschaft

1 Hier geht es um ein Sportfest der besonderen Art.
Welche Disziplinen gibt es hier? Sprecht darüber.

2 Mit den Rechtschreibstrategien auf Bahn 1 könnt ihr Rechtschreibfehler vermeiden.
Welche Strategien und Tipps kennt ihr?
Tragt sie zusammen.

3 Welche Silben passen zusammen? Schreibe die Wörter auf

schwin | legen | ver | ab

längern | leiten | gen | zer

Zum Aufwärmen: Die Strategien wiederholen

1

Es gibt auch ungewöhnliche Sportarten.
So beträgt der Gummistiefelweitwurfweltrekord 68 Meter.

2

mm, weil: kom-men
b, weil: he-ben
b, weil: die Kör-be

A Bei Einsilbern kann man den Lauten die Buchstaben nicht immer sicher zuordnen. Deshalb muss man Einsilber verlängern.

H Beim Schwingen spricht man die Laute deutlich und erkennt die Silben.

E Nomen erkennt man meist an ihren Begleitern und manchmal an ihrer Endung.

L Wörter, die mit keiner Strategie zu erklären sind, muss man sich einprägen. Es sind Merkwörter.

N In zusammengesetzten Wörtern können sich Verlängerungsstellen verstecken.
Man muss die Wörter zerlegen.

T ä und e, äu und eu klingen oft gleich.
Man kann diese Wörter richtig schreiben, wenn man sie von verwandten Wörtern ableitet.

1 a Sieh dir das **Bild 1** an.
b Lies auch die zwei Sätze unter dem **Bild 1.**
c Wofür sind die Bögen unter den Wörtern? Sprecht darüber.
d Setze Silbenbögen unter das folgende Wort.
der Gummistiefel

2 In den Sprechblasen findet ihr passende Rechtschreibstrategien zu den Bildern.
Findet die passende Strategie zu **Bild 1.**

3

Ich spiele Feldhockey im Verein.
das Feld|hockey

4

Nicht nur Läuferinnen und Läufer träumen von einem Sieg bei Wettkämpfen.
der Lauf, der Traum, der Wettkampf

5

Beim Schwimmen kommt es auf die Ausdauer und die richtige Atmung an.

6

Viele Skispringer stellen die Skier schräg.
Merke: viel, der Ski – die Skier, schräg.

3 Zu jeder Strategie gehört ein Zeichen.
Verbinde die sechs Strategien mit den passenden Zeichen.

das Schwingen
das Verlängern
das Zerlegen
das Ableiten
die Nomen erkennen und großschreiben
die Merkwörter einprägen

Strategien nutzen und Regeln beachten

Strategie Schwingen – Mehrsilber, Wörter mit Doppelkonsonant, s-Laute

1 a Lies die Wörter.
b Zeichne unter jedes Wort die Silbenbögen.

das Ge rä te tur nen • der Schwebebalken • das Hürdenlaufen • die Langlaufhose • der Schwergewichtheber

2 a Lest die folgenden Wörter deutlich in Silben.
b Zeichnet die Silbenbögen darunter.
c Ist die erste Silbe offen oder geschlossen? Sprecht darüber.
Beispiele:
der Ra sen: erste Silbe endet mit einem Vokal = offene Silbe
die Hal le: erste Silbe endet mit einem Konsonanten = geschlossene Silbe

Vokal (Selbstlaut): a, e, i, o, u, ä, ö, ü, au, eu, äu
Konsonant (Mitlaut): b, c, d, f, g, h, j, k, l, m, n, p, q, r, s, t, v, w, x, y, z, ß

der Rasen • die Halle • der Felsen • die Straße • die Piste • der Boden

3 a Lies die folgenden Wörter deutlich in Silben.
b Zeichne Silbenbögen darunter.
c Ist die erste Silbe offen oder geschlossen? Markiere mit unterschiedlichen Farben.

raten – rattern • spülen – füllen • tönen – können

4 Setze richtig in die Wortmitte ein: ein oder zwei Konsonanten.
Ist die erste Silbe offen, folgt nur ein Konsonant: wir ra-ten.
Ist die erste Silbe geschlossen, folgen zwei Konsonanten: die Rat-ten.

sie tre ______ en (f/ff) • wir kle ______ ern (t/tt) • sie kö ______ en (n/nn)

die So ______ e (n/nn) • sie ka ______ en (m/mm) • wir schwi ______ en (m/mm)

5 a Verlängere die vier einsilbigen Wörter.
Tipp: Bilde bei den Nomen den Plural (die Mehrzahl).

muss • der Fuß • der Kuss • das Gras

muss – wir müs sen, der Fuß – die

b Setze Silbenbögen unter die mehrsilbigen Wörter.

c Markiere die offene Silbe mit einer Farbe und die geschlossene Silbe mit einer anderen Farbe.

d Prüft: Sprecht ihr den s-Laut nach der offenen Silbe summend oder zischend?
Tipp: So schreibst du richtig:
wenn die erste Silbe offen ist:

bei **summendem s-Laut,** Beispiel: rasen	**einfaches s**
bei **zischendem s-Laut,** Beispiel: das Kugelstoßen	**ß**
wenn die erste Silbe geschlossen ist, Beispiel: der Wassersport	**ss**

6 a Untersucht nun gemeinsam die mehrsilbigen Wörter.
Ergänzt die fehlenden Angaben wie im Beispiel in der ersten Zeile.

müs sen	1. Silbe geschlossen – ss – müssen
die Fü ße	1. Silbe offen – zischend – ß
die Grä ser	1. Silbe offen – summend – s
die Küs se	1. Silbe
die Stra ße	1. Silbe
die Na se	1. Silbe
pas sen	1. Silbe
die Schlüs sel	1. Silbe

b Ordne die Wörter der richtigen Gruppe zu.
Wenn die 1. Silbe offen ist: bei summendem s-Laut, **einfaches s:**

Wenn die 1. Silbe offen ist: bei zischendem s-Laut, **ß:**

Wenn die 1. Silbe geschlossen ist, **ss:**

Strategie Schwingen – Wörter mit ie oder i

1 **a** Lies den Text.
b Setzt **ie** oder **i** passend in die Lücken ein.
Tipp: offene Silbe mit **ie,** Beispiel: die Wie – se
geschlossene Silbe mit **i,** Beispiel: sprin – ten
Einsilber verlängern, Beispiel: das Ziel → die Zie – le

Fußball im Regen

Die Sp___lerinnen (i/ie) laufen über das Feld. Der viele Regen beh___ndert (i/ie) gezielte Pässe. Wer sch___ßt (i/ie) da vorne? Eine Stürmerin rutscht aus und fällt auf die W___se (i/ie). Das Publikum schreit auf und ruft nach der Schiedsrichterin. Überall sind r___sige (i/ie) Pfützen, trotzdem g___bt (i/ie) kein Team auf. Endlich unterbricht die Schiedsrichterin das Sp___l (i/ie), weil es zu stark regnet. Dafür erhält sie v___l (i/ie) Zust___mmung (i/ie).

2 **a** Verbinde die Verben (Tätigkeitswörter) im Präsens (Gegenwart) mit der passenden Form im Präteritum (Vergangenheit).
b Markiere jeweils das **ie.**

wir laufen
wir beraten
wir fallen
wir scheinen
wir rufen
wir schreiben
wir riefen
wir berieten
wir fielen
wir liefen
wir schrieben
wir schienen

c Schreibe die sechs Wortpaare in dein Heft.
d Setze unter alle sechs Wörter im Präteritum (in der Vergangenheit) Silbenbögen. Markiere auch dort das **ie.**

wir laufen – wir lie fen
wir rufen –

Strategie Verlängern – Wörter mit b/p, d/t, g/k

1 **a** Lies den Text.

Ein Ratschlag am Spielfeldrand

Trainer: Weißt du, wo du hingehörst?
Spieler: Bank?
Trainer: Falsch.
Spieler: Feld?
Trainer: Ja! Und was machst du dort?
Spieler: Für Sieg und Erfolg sorgen?
Trainer: Sehr klug! Gib alles!

b Verlängere die markierten Wörter.
Schreibe die Wortpaare auf.
Tipp: Nomen: Bilde den Plural (die Mehrzahl): der Schlag – die Schläge.
Adjektiv (Eigenschaftswort): Bilde eine Steigerungsform: alt – älter als.
Verb (Tätigkeitswort): Bilde die wir-Form: trink – wir trinken.

der Ratschlag – die Ratschläge, das Spielfeld – die ______

der Rand – die ______

______

______

c Markiere die schwierigen Buchstaben.

2 Verlängere die Nomen, Verben (Tätigkeitswörter) und Adjektive (Eigenschaftswörter).
Tipp: Beim Verlängern hörst du genau, wie der schwierige Buchstabe geschrieben wird.

wir wiegen • noch weniger als • noch breiter als • wir schlagen • wir benötigen • noch gelber als • wir wirken • noch lieber als • die Erfolge • die Strände • wir siegen • noch goldener als

lieb – lieber ______

der Erfolg ______

sie siegt ______

gold ______

breit ______

es wiegt ______

es wirkt ______

der Strand ______

sie benötigt ______

gelb ______

wenig ______

es schlägt ______

Strategie Ableiten – Wörter mit ä und äu

1 a Lies die Wörter.

die Federbälle • die Heuballen • die Baumstämme
die Jonglierkeulen • die Nägel • die Sandsäcke

b Einige Wörter kannst du von einem verwandten Wort ableiten.
Schreibe das verwandte Wort dahinter.

die Federbälle – der Ball

die Baumstämme – der

die Nägel – der

die Sandsäcke – der

2 **e** oder **ä? eu** oder **äu?**

a Verbinde jedes Wort mit **ä** und **äu** mit seinem verwandten Wort mit **a** oder **au.**

b Markiere die verwandten Buchstaben farbig.

c Schreibe alle Wortpaare in dein Heft.

er trägt – die Wände – du fährst – stärker – das Haus – die Ängste – härter – die Kräuter – sie schlägt – die Pässe – wir tragen – stark – hart – der Pass – wir fahren – das Kraut – die Häuser – wir schlagen – die Wand – die Angst

Wörter mit ä und au ableiten

Ob man ein Wort mit **e, eu** oder mit **ä, äu** schreibt, kann man leicht verwechseln.
Gibt es **verwandte Wörter** mit **a** oder **au,** schreibt man **ä** oder **äu.**

Beispiele: die B**äu**me – der B**au**m
die Z**ä**hne – der Z**a**hn

Strategie Nomen erkennen und großschreiben

Aa

1 a Lies den Text.
Achtung: Alle Wörter in dem Text sind kleingeschrieben.

das golfspiel hat genaue regeln.

man muss einen kleinen ball mit möglichst wenigen schlägen in ein rundes loch spielen.

der bereich um das loch ist grün.

dort gibt es sanfte hügel und tiefe mulden und das gras wird sehr kurzgehalten.

b Markiere alle 14 Wörter, die großgeschrieben werden müssen.
Tipp: Lies den Merkkasten.

> **Nomen** werden großgeschrieben.
> Du kannst in Gedanken einen Artikel (Begleiter) davorsetzen.
> Beispiele: der **Ball,** die **Regeln,** das **Spiel,** ein **Loch**
> Oft stehen Adjektive (Eigenschaftswörter) vor einem Nomen.
> Beispiel: das kleine **Haus**
> Satzanfänge schreibt man ebenfalls groß.
> Beispiel: **Das** Spiel beginnt gleich.

c Schreibe den Text richtig in dein Heft.

2 a Sieh dir die Bilder an.
b Ergänze die Artikel (Begleiter) vor den Nomen.
c Schreibe die Sportarten mit Artikel (Begleiter) auf.
Die Nomen sind aus mehreren Teilen zusammengesetzt.

Es sind zusammengesetzte Nomen.

der Stab	+	der Hochsprung	=	der Stabhochsprung
der Bogen	+	das Schießen	=	das ______
der Handball	+	______ Spiel	=	______
______ Brust	+	______ Schwimmen	=	______
______ Eis	+	______ Kunstlaufen	=	______

Die Zeichensetzung trainieren

Warum gibt es Satzzeichen?

1 a Lies nacheinander beide Texte.

Vorsicht Fehler!

A Was ist Breitensport

Statt Breitensport kann man auch Freizeitsport sagen Das Wort Breitensport bezeichnet sportliche Aktivitäten die der körperlichen Fitness der gesunden Bewegung dem Spaß am Sport dienen Tausende Vereine sorgen dafür dass Sport Bewegung Gesundheit für viele zum Leben dazugehören Der Präsident des Sportbundes sagte in einem Interview Alle Menschen sollten regelmäßig auf Sportplätzen in Turnhallen oder Schwimmhallen aktiv sein

B Was ist Breitensport?

Statt Breitensport kann man auch Freizeitsport sagen. Das Wort Breitensport bezeichnet sportliche Aktivitäten, die der körperlichen Fitness, der gesunden Bewegung, dem Spaß am Sport dienen. Tausende Vereine sorgen dafür, dass Sport, Bewegung, Gesundheit für viele zum Leben dazugehören. Der Präsident des Sportbundes sagte in einem Interview: „Alle Menschen sollten regelmäßig auf Sportplätzen, in Turnhallen oder Schwimmhallen aktiv sein!"

b Was ist dir beim Lesen aufgefallen?
Welche Aussage trifft auf dich zu? Kreuze an.

- [ ] Ich kann Text A und Text B gleich gut lesen.
- [ ] Die Satzzeichen im Text B erleichtern mir das Lesen.

2 Bereitet ein Lernplakat zur Zeichensetzung vor.
- Nutzt die Informationen im Merkkasten.
- Schreibt zu jedem Satzzeichen einen Beispielsatz aus dem Text B auf.

Punkt: *Statt Breitensport kann man auch Freizeitsport sagen.*
Ausrufezeichen:
Fragezeichen:
Komma:
Anführungszeichen:

Was Satzzeichen leisten

Punkte beenden einen abgeschlossenen Satz.
Satzmuster: ____________________.

Ausrufe- und Fragezeichen zeigen besondere Sorten von Sätzen an und helfen bei der Betonung.
Satzmuster: ____________________! ____________________?

Kommas trennen Aufzählungen, Hauptsätze und Nebensätze von Hauptsätzen.
Satzmuster: ____________________, ____________________.

Anführungszeichen zeigen, dass etwas gesagt wird.
Satzmuster: ____________________: „____________________."

Das Komma in Aufzählungen

1 a Lies den Text.

Die olympischen Ringe

1 Fünf ineinander verschlungene, runde Ringe in den Farben Blau, Gelb, Schwarz, Grün, Rot sind auf der olympischen Fahne zu sehen.
2 Sie stehen für den Zusammenhalt der Menschen den friedlichen Wettstreit und das Zusammenkommen von Sportlerinnen und Sportlern aus aller Welt.
3 Viele verknüpfen mit den Ringen die fünf Erdteile: Europa Asien Afrika Amerika sowie Australien.
4 Die ursprüngliche Idee war aber noch interessanter anspruchsvoller und wirklich bahnbrechend:
5 In jeder Nationalflagge der Erde sollte mindestens eine olympische Farbe vorkommen.

Vorsicht Fehler!

b Was ist auf der olympischen Fahne zu sehen?
Wofür stehen die farbigen Ringe? Sprecht darüber.

2 a Schreibe die Sätze 2 bis 5 ab.

Sie stehen für

b Trage die fehlenden Kommas farbig ein.
Rahme die Konjunktionen (Bindewörter) **und, oder, sowie** ein.
Achtung: Vor den drei Konjunktionen (und, oder, sowie) steht bei Aufzählungen **kein Komma.**

Wenn man **Wörter und Wortgruppen aufzählt,** trennt man sie durch **Komma** voneinander ab.
Beispiel: Meine Lieblingssportarten sind Boxen, Tischtennis, Reiten.
Wenn die Aufzählungen durch Konjunktionen (Bindewörter) wie und, oder oder sowie verbunden sind, setzt man **kein Komma.**
Beispiel: Täglich trainiere ich Kraft, Ausdauer und Schnelligkeit.

Das Komma in Satzreihen

1 a Lies die Sätze.

Beim Sport benötigen die Muskeln mehr Sauerstoff, das Herz schlägt deshalb schneller.
Es kann bis zu 200-mal in der Minute schlagen, dabei wird bei jedem Herzschlag auch mehr Blut transportiert.
Das ist eine beachtliche Leistung, denn so wird das Blut bis zu fünfmal pro Minute durch den Körper gepumpt.

b Führt ein Gespräch über die drei Satzreihen.
Woran erkennt ihr, dass eine Satzreihe aus mehreren Hauptsätzen besteht?
Tipp: Ein Hauptsatz kann selbstständig für sich alleine stehen.

2 a Lies den Text.

Vorsicht Fehler!

Kicken fürs Köpfchen

1 Sport macht starke Muskeln **aber** Sport kann noch mehr.

2 Regelmäßige Bewegung ist nicht nur gesund **sondern** sie sorgt auch für eine bessere Leistung im Gehirn.

3 Wärmt euch vor dem Sport gut auf **das** bewahrt euch vor Verletzungen.

4 Benutzt Sportgeräte immer nur sachgemäß **so** vermeidet ihr Unfälle.

5 Achtet auf eure Mitspieler **gefährdet** sie nicht durch zu großen Ehrgeiz.

6 Sport soll natürlich in erster Linie Spaß machen.
Mannschaftssportarten sind hierfür bestens geeignet **denn** hier kann man schnell Freundschaften schließen.

7 Im Team ist man stark **denn** man teilt nicht nur die Freude über den Sieg **sondern** man teilt auch die Tränen bei einer Niederlage.

b Untersuche die Satzreihen 1 bis 7.
Wo ist der erste Hauptsatz zu Ende? Wo muss das Komma stehen?
Trage die Kommas farbig ein.

c Schreibe vier Satzreihen mit den Kommas in dein Heft.

> **Das Komma in der Satzreihe (Hauptsatz + Hauptsatz)**
> Eine **Satzreihe** besteht aus **zwei oder mehr Hauptsätzen.**
> Die einzelnen Hauptsätze werden durch **Kommas** voneinander getrennt.
> Beispiel: Gestern gab es Tanzen, aber morgen findet Yoga statt.
> Satzmuster: ____________, ____________.

Das Komma in Satzgefügen

1 Lies die Sätze.

1 Weil im Gehirn durch Sport Glückshormone gebildet werden, bekommt man schon nach kurzer Zeit gute Laune.
2 Wenn ihr regelmäßig körperlich aktiv seid, habt ihr dauerhaft bessere Stimmung.
3 Sobald ihr euch körperlich betätigt, werden schädliche Stoffe abgebaut.

2 Führt ein Rechtschreibgespräch über Satzgefüge.
– Woran erkennt ihr, dass es sich um Satzgefüge handelt?
– Unterstreicht die **Einleitewörter der Nebensätze.**
Tipp: Achtet darauf, wo die **gebeugte Verbform** (werden, seid, betätigt) steht.
– Vergleicht die **Einleitewörter** in den drei Sätzen miteinander.

Einleitewörter
Konjunktionen
(Bindewörter):
weil, wenn,
sobald

3 a Verbinde jeweils zwei Satzteile zu einem Satzgefüge.

Vorsicht Fehler!

Bei vielen Sportarten wird ein Helm getragen	**wenn** das olympische Feuer angezündet wird.
Die Spiele werden feierlich eröffnet	**damit** bei gefährlichen Stürzen nichts passiert.
Boxer schieben sich einen Schutz in den Mund	**weil** der Schnee das Sonnenlicht verstärkt.
Eine Skibrille gehört zum Wintersport dazu	**bevor** es in den Ring geht.

b Schreibe die Satzgefüge auf.
c Füge die Kommas mit einer Farbe ein.
d Rahme die Konjunktionen (Bindewörter) ein.

4 **a** Lies den Text.

Warum hat man Muskelkater?

A Muskelkater entsteht **wenn** durch Überlastung feine Risse in den Muskeln auftreten.

B Der Schmerz entsteht vermutlich **weil** sich durch die Risse Flüssigkeit im Gewebe sammelt.

Vorsicht Fehler!

Nur drei der folgenden fünf Aussagen über Muskelkater stimmen:

1 Man sollte die betroffenen Muskelpartien sehr intensiv weitertrainieren **wenn** man Muskelkater hat.

2 Wärme lindert den Schmerz **der** durch Muskelkater entsteht.

3 Wärme hilft **weil** dadurch die störende Flüssigkeit im Muskelgewebe schneller verdunstet.

4 Auch Profisportler können einen Muskelkater bekommen **wenn** sie ungewohnte Bewegungen machen.

5 Es bleiben keine Schäden zurück **wenn** man öfter Muskelkater hat **weil** der Muskel sich total erholt.

b Schreibe die Sätze A und B ab.
Setze die fehlenden Kommas.

A Muskelkater entsteht

c Setze die Kommas in den Sätzen 1 bis 5.

d Rahme die Konjunktionen (Bindewörter) ein.

e Markiere das Relativpronomen farbig.

Einleitewörter
Relativpronomen:
der, das, die

Kommasetzung im Satzgefüge (Hauptsatz + Nebensatz)

Ein **Satzgefüge** besteht aus einem **Hauptsatz** und mindestens einem **Nebensatz.**
Der Nebensatz wird durch **Kommas** vom Hauptsatz abgetrennt.
Beispiel: Viele Menschen treiben Sport, weil es ihr Wohlbefinden fördert.
Satzmuster: Hauptsatz, weil Nebensatz Personalform des Verbs.

Nebensätze werden meist eingeleitet mit Konjunktionen (Bindewörtern) oder Relativpronomen.
Beispiele für Konjunktionen (Bindewörter): weil, da, damit, wenn, als, nachdem, dass
Beispiele für Relativpronomen: der, die, das, welcher, welche, welches
Die Personalform des Verbs (das gebeugte Verb) steht immer am Ende des Nebensatzes.

Das Komma vor dass

1 **a** Lies die Satzgefüge mit **dass.**

Sport vor 5000 Jahren

Wir wissen, dass bereits im alten Ägypten Sport getrieben wurde. Wissenschaftlerinnen und Wissenschaftler haben herausgefunden, dass es in Ägypten die ältesten Bilder über Sport gibt. Man kann auf Tongefäßen sehen, dass die alten Ägypter zum Beispiel Gymnastik und Kampfsport liebten.

b Führt ein Rechtschreibgespräch:
Wo stehen Hauptsatz und Nebensatz?
Wo steht jeweils das Komma?

2 Was weiß man noch über den Sport im alten Ägypten?

Vorsicht Fehler!

a Lies die drei Sätze.

Forscher sind sicher	dass es im alten Ägypten bereits Wettkämpfe mit Publikum gab.
Sie glauben auch	dass ein Pharao (König) niemals an Wettkämpfen teilnahm.
Man hat festgestellt	dass ihn trotzdem alle für den stärksten Sportler hielten.

b Trage die Kommas farbig in die Sätze ein.
c Schreibe die Sätze mit den Kommas ab.
d Rahme die Konjunktionen (Bindewörter) ein.

Die Konjunktion (das Bindewort) dass im Nebensatz
Vor dass steht immer ein **Komma,** wenn es nicht am Satzanfang steht.
Beispiel: Die Forscher sind sich sicher, dass es Sport bereits vor 5000 Jahren gab.

Die wörtliche Rede

1 **a** Lies die Sätze mit der wörtlichen Rede.

A Die Trainerin fordert die Mannschaft auf: „Kommt, wir sprechen das Spiel noch mal durch!"

B „Hey, Leute", ruft Alex, „ich war am Wochenende im Stadion! Wollt ihr wissen, wie's war?"

C „Persönliche Bestleistung und Weltrekord – wie fühlen Sie sich?", fragt die Reporterin den Sportler.

b Sport bringt die Menschen ins Gespräch.
Beschreibt die Situationen in den Sätzen A bis C.
Tipp: Die Wörter im Kasten helfen euch.

Olympiade / Weltmeisterschaft / Interview • Sport im Verein / nach einem Spiel • Zuschauer im Stadion / Gespräch unter Freunden

c Führt ein Rechtschreibgespräch über die Sätze A bis C:
- Wo steht der Redebegleitsatz?
- Welche Satzzeichen werden verwendet und wo stehen sie?

am Satzanfang • in der Satzmitte • am Satzende

d Ordne die drei Beispiele diesen Satzmustern zu.
Schreibe den passenden Buchstaben über das jeweilige Satzmuster.

☐ „______", ______.

☐ ______: „______"

☐ „______", ______, „______"

e Unterstreiche in den Sätzen A bis C jeweils den Redebegleitsatz.

2 **a** Lies den Witz.

Vorsicht Fehler!

Der Angler sagt zum Fischverkäufer Werfen Sie mir zwei Forellen zu.
Warum werfen fragt der Verkäufer.
Da antwortet der Angler Damit ich sagen kann, ich hätte sie selbst gefangen.

b Schreibe den Witz mit der richtigen Zeichensetzung in dein Heft.
Tipp: Der Merkkasten hilft dir.

Zeichensetzung bei der wörtlichen Rede
Die wörtliche Rede steht in **Anführungszeichen.**
Beispiel: „Wann beginnt das Training?"
Der **Redebegleitsatz** gibt an, wer etwas sagt.
Steht er **vor der wörtlichen Rede,** folgt ein **Doppelpunkt.**
Beispiel: Lisa meint: „Um 18 Uhr."
Steht er **zwischen der wörtlichen Rede,** wird er durch **Kommas** abgetrennt.
Beispiel: „Hallo Lisa", ruft Jule über den Schulhof, „wollen wir morgen skaten?"
Steht er **nach der wörtlichen Rede,** wird er durch ein **Komma** abgetrennt.
Beispiel: „Wir könnten zusammen hinfahren", schlägt Tom vor.

Nachdenken über Sprache

Wortarten

Das Nomen

- Nomen sind **Lebewesen, Gegenstände** oder **Gedanken, Gefühle, Zustände.**
- Vor Nomen stehen häufig ein **bestimmter Artikel** (die Blume), ein **unbestimmter Artikel** (eine Blume), ein **Adjektiv** (blaue Blume) oder ein **Zahlwort** (einige Blumen, etwas Wasser).
- Es gibt:
  - **männliche** Nomen, zum Beispiel: **der** Junge, **der** Eimer, **der** Ärger,
  - **weibliche** Nomen, zum Beispiel: **die** Frau, **die** Kelle, **die** Freude,
  - **sächliche** Nomen, zum Beispiel: **das** Kind, **das** Wasser, **das** Wetter.
- Nomen können im **Singular** (Einzahl) oder im **Plural** (Mehrzahl) stehen.
  Beispiele: der Junge – die Jung**en**, die Frau – die Frau**en**, das Kind – die Kind**er**
- Nomen schreibt man am Wortanfang immer **groß.**
- Nomen stehen in unterschiedlichen Fällen. Man kann den Fall durch **Fragen** ermitteln:

1. Fall – **Nominativ** (Wer oder was?):	Die Blume ist anfangs weiß.
2. Fall – **Genitiv** (Wessen?):	Das ist die neue Farbe der Blume.
3. Fall – **Dativ** (Wem?):	Wir geben der Blume farbiges Wasser.
4. Fall – **Akkusativ** (Wen oder was?):	Wir untersuchen die Blume.

Das Pronomen (das Fürwort)

- **Personalpronomen** (ich, du, er, sie, es, wir, ihr, sie, mich, dich, ihn, uns, euch, mir) ersetzen Nomen.
  Beispiel: Das Wasser platscht nicht aus dem Glas. Es bleibt im Glas.
- **Possessivpronomen** (mein, meine, dein, deine, ihr, ihre, sein, seine, unser, euer) geben an, wozu oder (zu) wem etwas gehört.
  Beispiel: Gibst du mir bitte mein Glas?

Die Konjunktion (das Bindewort)

- **Konjunktionen verbinden Wörter, Wortgruppen oder Sätze.**
  Beispiel: Ihr braucht einen Ballon, Klebeband und eine Nadel.
- **Hauptsatzkonjunktionen** (und, oder, aber, denn) verbinden **Hauptsätze.**
  Beispiel: Die Luft entweicht, und das Rad wird platt.
- **Nebensatzkonjunktionen** (wenn, da, obwohl, weil) verbinden Hauptsätze und Nebensätze zu **Satzgefügen.**
  Beispiel: Die Luft entweicht, weil der Ballon ein Loch hat.

Die Präposition (das Verhältniswort)

- Präpositionen stehen **vor Nomen** und bestimmen den **Fall** (Kasus), in dem das Nomen und seine Begleiter (Artikel und Adjektiv) stehen müssen.
  Beispiele: mit dem blauen Ballon, ohne den grünen Ballon, aufgrund des gelben Ballons

Wortarten und Satzglieder

Das Adjektiv (das Eigenschaftswort)

Mit **Adjektiven** kann man etwas genauer **beschreiben,** zum Beispiel: der rote Ballon.

- Adjektive kann man steigern:

– **der Positiv** (Grundstufe):	kalt	Wasser aus der Wasserleitung ist kalt.
– **der Komparativ** (Höherstufe):	kälter	Wasser aus dem Kühlschrank ist kälter.
– **der Superlativ** (Höchststufe):	am kältesten	Eiswasser ist am kältesten.

- Adjektive verändern ihre Endung je nachdem, wie man sie im Satz benutzt.
  Beispiele: Der Ballon ist rot. – Der rote Ballon ist groß. – Ein roter Ballon fliegt am Himmel.

Das Verb

- Verben beschreiben, **was jemand tut** oder **was geschieht.**
- Die Grundform des Verbs nennt man **Infinitiv** (wir-Form). Beispiele: stehen, klettern, regnen
- Verben kann man **in verschiedenen Zeitformen** verwenden.
  Die Zeitformen der Verben geben an, **wann** etwas passiert.

Gegenwart und Zukunft: Das Präsens und das Futur I

- **Präsens** nimmt man,
  wenn etwas **allgemein** gültig ist. Beispiel: Am Morgen geht die Sonne auf.
  wenn etwas **jetzt – in diesem Augenblick – geschieht.** Beispiel: Ich esse gerade ein Eis.
  wenn etwas **in der Zukunft geschehen wird.** Beispiel: Sie fliegen bald zum Mond.
- **Futur** verwendet man, um **über die Zukunft zu sprechen.**
  Futurbildung: mit **werden + der Grundform des Verbs.** Beispiel: Sie werden zum Mars fliegen.

Die Satzglieder

Sätze bestehen aus **Satzgliedern.** Ein Satzglied kann aus **einem oder mehreren Wörtern** bestehen. Die Satzglieder kann man mit Hilfe von **Satzgliedfragen** bestimmen.

Das Prädikat

- Das **Prädikat** gibt an, **was jemand tut** oder **was geschieht.** Beispiel: Sie forschen.
- Im Aussagesatz steht das Prädikat immer an zweiter Satzgliedstelle.
  Beispiel: 1. Stelle: Sie (Subjekt) 2. Stelle: untersuchen (Prädikat) 3. Stelle: alte Räder. (Objekt)

Das Subjekt

- Das **Subjekt** gibt an, **wer oder was etwas tut.** Frage: **Wer oder was ...?**
  Beispiel: Das Fundstück ist schon alt. – Wer oder was ist schon alt? → das Fundstück

Die Objekte

- Wenn man das Objekt mit **Wem ...?** erfragen kann, ist es ein **Dativobjekt.**
  Beispiel: Das Fundstück (Subjekt) gehört (Prädikat) dem Museum (Dativobjekt). – Wem gehört das Fundstück? → dem Museum (Dativobjekt)
- Wenn man das Objekt mit **Wen oder was ...?** erfragen kann, ist es ein **Akkusativobjekt.**
  Der Forscher (Subjekt) untersucht (Prädikat) das Rad (Akkusativobjekt). – Wen oder was untersucht der Forscher? → das Rad (Akkusativobjekt)

Sätze und Zeichensetzung

Die Satzreihe

- Ein **Hauptsatz** ist ein vollständiger Satz mit einem Subjekt und einem Prädikat.
  Das **Prädikat** steht im Hauptsatz immer an der **zweiten Satzgliedstelle.**
  Beispiel: Der Junge (1.) besitzt (2.) seit Ende des Jahres (3.) ein neues Smartphone. (4.)
- Einen **Satz,** der aus **zwei oder mehr Hauptsätzen** besteht, nennt man **Satzreihe.**
  In Satzreihen trennt man die einzelnen Hauptsätze durch **Komma** ab.
  Beispiel: Smartphones können mehr als Telefone früher, man kann mit ihnen sogar spielen.
  Hauptsatz 1 Komma Hauptsatz 2
- Oft verbindet man Hauptsätze durch **Konjunktionen** (Bindewörter). Beispiele: aber, denn, doch
  Dann setzt man vor der Konjunktion ein **Komma.**
  Beispiel: Mehrere Forscher entwickelten Ideen für Telefone, aber Alexander G. Bell gilt als Erfinder.

Das Satzgefüge

- Einen **Satz,** der aus **einem Hauptsatz** und **einem Nebensatz** besteht, nennt man **Satzgefüge.**
- Mit den **Konjunktionen** als, damit, weil, da, obwohl, sodass, wenn verbindest du die Sätze.
- Das **Komma** setzt du **vor die Konjunktion.**
- Bei einem **Nebensatz** rückt das **Prädikat** (was jemand tut) ans **Satzende.**
  Beispiel: Der Forscher entdeckte die Vogelart, als er durch den Regenwald lief.
  Hauptsatz Komma Konjunktion Nebensatz

Das Komma in Aufzählungen

- Wenn man **Wörter** und **Wortgruppen aufzählt,** trennt man sie durch **Komma.**
  Beispiel: Meine Lieblingssportarten sind Boxen, Tischtennis, Reiten.
- Wenn die **Aufzählungen durch die Konjunktionen** (Bindewörter) und, oder oder sowie verbunden sind, setzt man **kein Komma.**
  Beispiel: Täglich trainiere ich Kraft, Ausdauer und Schnelligkeit.

Das Komma vor dass

- Vor **dass** steht immer ein **Komma,** wenn es nicht am Satzanfang steht.
  Beispiel: Die Forscher sind sich sicher**,** dass es Sport schon vor mehr als 5000 Jahren gab.

Zeichensetzung bei der wörtlichen Rede

- Die **wörtliche Rede** steht in **Anführungszeichen.**
  Beispiel: „Wann beginnt das Training?"
  Der Redebegleitsatz gibt an, wer etwas sagt. Meistens steht er vor der wörtlichen Rede.
  Dann folgt ein Doppelpunkt.
  Beispiel: Lisa meint: „Um 18 Uhr."
  Steht er zwischen der wörtlichen Rede, wird er durch Kommas abgetrennt.
  Beispiel: „Hallo Lisa", ruft Jule über den Schulhof, „wollen wir morgen skaten?"
  Steht er nach der wörtlichen Rede, wird er durch ein Komma abgetrennt.
  Beispiel: „Wir könnten zusammen hinfahren", schlägt Tom vor.

Die Rechtschreibstrategien

Schwingen

Wenn du Wörter schwingst, kannst du die einzelnen Laute und Buchstaben besser hören.

- **Vor dem Schreiben:** die Wörter deutlich in Silben sprechen. Silbenbögen in die Luft zeichnen.
- **Beim Schreiben:** die Silben leise mitsprechen. Nicht schneller sprechen, als du schreibst.
- **Nach dem Schreiben:** Prüfe, ob du richtig geschrieben hast: dazu Silbenbögen unter jede Silbe zeichnen und leise mitsprechen.
  Beispiele: Ba na ne, Man da ri ne, Pam pel mu se

offene und geschlossene Silben

- offene Silbe: erste Silbe endet mit einem Vokal, Beispiel: der Ra sen
- geschlossene Silbe: erste Silbe endet mit einem Konsonanten, Beispiel: die Hal le

Vokal (Selbstlaut): a, e, i, o, u, ä, ö, ü, au, eu, äu
Konsonant (Mitlaut): b, c, d, f, g, h, j, k, l, m, n, p, q, r, s, t, v, w, x, y, z, ß

doppelte Konsonanten

- offene Silbe: Es folgt nur ein Konsonant: wir ra ten
- geschlossene Silbe: Es folgen zwei Konsonanten: die Rat ten

Wörter mit s, ss, ß

- offene Silbe: **einfaches s** bei summendem s-Laut, Beispiel: der Ra **s**en
  ß bei zischendem s-Laut, Beispiel: das Ku gel sto **ß**en
- geschlossene Silbe: **ss,** Beispiel: der Wa**s** **s**er ball

Wörter mit ie oder i

- offene Silbe: meistens mit **ie,** Beispiel: die W**ie** se
- geschlossene Silbe: mit **i,** Beispiel: spr**i**n ten
- Einsilber verlängern, Beispiel: das Ziel → die Z**ie** le

Verlängern – Wörter mit b/p, d/t, g/k

Bei manchen Wörtern hört man nicht, wie sie genau geschrieben werden: mit b oder p, mit d oder t, mit g oder k. Wenn du sie **verlängerst**, kannst du es gut hören.

- Verlängerung von **Nomen:** Bilde den Plural (die Mehrzahl): der Schlag – die Schläge.
- Verlängerung von **Adjektiven** (Eigenschaftswörtern): Bilde eine Steigerungsform: alt – älter als.
- Verlängerung von **Verben** (Tätigkeitswörtern): Bilde die wir-Form: bring – wir bringen.

Ableiten – Wörter mit ä und äu

Ob ein Wort mit **e oder ä** oder mit **au oder äu** geschrieben wird, kann man leicht verwechseln.
Gibt es verwandte Wörter mit a und au, schreibt man ä oder äu.
Beispiele: die Bäume – der Baum, die Zähne – der Zahn

Schwierige Verben im Überblick

Infinitiv (Grundform)	Präsens (Gegenwart)	Präteritum (Vergangenheit)	Perfekt (Vergangenheit mündlich)
anfangen	du fängst an	er fing an	er hat angefangen
beginnen	du beginnst	sie begann	sie hat begonnen
bekommen	du bekommst	sie bekam	sie hat bekommen
bieten	du bietest	er bot	er hat geboten
bitten	du bittest	sie bat	sie hat gebeten
bleiben	du bleibst	sie blieb	sie ist geblieben
brechen	du brichst	sie brach	sie hat gebrochen
brennen	es brennt	es brannte	es hat gebrannt
bringen	du bringst	sie brachte	sie hat gebracht
dürfen	du darfst	er durfte	er hat gedurft
einladen	du lädst ein	sie lud ein	sie hat eingeladen
essen	du isst	er aß	er hat gegessen
fahren	du fährst	sie fuhr	sie ist gefahren
fallen	du fällst	er fiel	er ist gefallen
fangen	du fängst	sie fing	sie hat gefangen
finden	du findest	er fand	er hat gefunden
fließen	es fließt	es floss	es ist geflossen
frieren	du frierst	er fror	er hat gefroren
geben	du gibst	er gab	er hat gegeben
gehen	du gehst	er ging	er ist gegangen
genießen	du genießt	sie genoss	sie hat genossen
greifen	du greifst	sie griff	sie hat gegriffen
haben	du hast	er hatte	er hat gehabt
halten	du hältst	sie hielt	sie hat gehalten
heben	du hebst	er hob	er hat gehoben
heißen	du heißt	sie hieß	sie hat geheißen
helfen	du hilfst	er half	er hat geholfen
kennen	du kennst	sie kannte	sie hat gekannt
kommen	du kommst	sie kam	sie ist gekommen
können	du kannst	er konnte	er hat gekonnt
lassen	du lässt	sie ließ	sie hat gelassen
laufen	du läufst	er lief	er ist gelaufen
leiden	du leidest	sie litt	sie hat gelitten

Infinitiv (Grundform)	Präsens (Gegenwart)	Präteritum (Vergangenheit)	Perfekt (Vergangenheit mündlich)
lesen	du liest	er las	er hat gelesen
liegen	du liegst	er lag	er hat gelegen
mögen	du magst	sie mochte	sie hat gemocht
nehmen	du nimmst	er nahm	er hat genommen
raten	du rätst	sie riet	sie hat geraten
reiten	du reitest	er ritt	er ist geritten
rennen	du rennst	sie rannte	sie ist gerannt
riechen	du riechst	er roch	er hat gerochen
rufen	du rufst	sie rief	sie hat gerufen
schlafen	du schläfst	er schlief	er hat geschlafen
schleichen	du schleichst	sie schlich	sie ist geschlichen
schließen	du schließt	sie schloss	sie hat geschlossen
schneiden	du schneidest	er schnitt	er hat geschnitten
schreien	du schreist	er schrie	er hat geschrien
schwimmen	du schwimmst	er schwamm	er ist geschwommen
sehen	du siehst	sie sah	sie hat gesehen
sein	du bist	er war	er ist gewesen
singen	du singst	er sang	er hat gesungen
sitzen	du sitzt	sie saß	sie ist/hat gesessen
sprechen	du sprichst	sie sprach	sie hat gesprochen
springen	du springst	es sprang	es ist gesprungen
stehen	du stehst	er stand	er ist/hat gestanden
stoßen	du stößt	er stieß	er hat gestoßen
streiten	du streitest	sie stritt	sie hat gestritten
treffen	du triffst	er traf	er hat getroffen
treten	du trittst	sie trat	sie hat getreten
tun	du tust	er tat	er hat getan
vergessen	du vergisst	sie vergaß	sie hat vergessen
verlieren	du verlierst	er verlor	er hat verloren
verzeihen	du verzeihst	sie verzieh	sie hat verziehen
wachsen	du wächst	er wuchs	er ist gewachsen
werden	du wirst	sie wurde	sie ist geworden
wissen	du weißt	sie wusste	sie hat gewusst
wollen	du willst	sie wollte	sie hat gewollt
ziehen	du ziehst	er zog	er hat gezogen

Auer, Martin (*1951)
117 Herr Balaban und seine Tochter Selda 53 (1)
120 Herr Balaban und seine Tochter Selda 214 (2)
126 Herr Balaban und seine Tochter Selda 10 (3)
aus: Herr Balaban und seine Tochter Selda. 222 Geschichten. Beltz & Gelberg, Weinheim/Basel 2002, S. 214 (1), ebd. S. 164 (2), ebd. S. 12 f. (3) (gekürzt und vereinfacht)

Fontane, Theodor (1819–1898)
130–131 John Maynard
aus: Sämtliche Werke. Bd. 6. Hrsg. v. Walter Keitel. Hanser Verlag, München 1964, S. 287 (Textauszüge)

Goethe, Johann Wolfgang (1749–1832)
134/1–134/2 Der Zauberlehrling
aus: Gedichte. Hrsg. v. Erich Trunz. C. H. Beck, München 1982, S. 272 (gekürzt)

Hebel, Johann Peter (1760–1826)
110–111 Das Mittagessen im Hof (1)
112 Die falsche Schätzung (2)
114 Der kluge Richter (3)
aus: Schatzkästlein des rheinischen Hausfreundes. Fischer Verlag 2008, S. 53–54 (1), ebd. S. 188 (2), ebd. S. 54–55 (3), ebd. S. 147 f. (gekürzt und vereinfacht)

Höfler, Stefanie (*1978)
80–81 Mein Sommer mit Mucks – Teil 1 (1)
82 Mein Sommer mit Mucks – Teil 2 (2)
aus: Mein Sommer mit Mucks. Gulliver von Beltz & Gelberg, Weinheim 2015, S. 17–19 (1), S. 86–87 (2)

Illmer, Britta
180–181 Wie Gebärdensprache funktioniert
aus: https://www.geo.de/geolino/mensch/1854-rtkl-gebaerden-wie-gebaerdensprache-funktioniert [29.10.2021] (gekürzt und vereinfacht)

Ludwig, Sabine (*1954)
88 Pandora und der phänomenale Mr Philby (Klappentext, Textzitat A)
89 Pandora und der phänomenale Mr Philby (Textzitate B, C, D)
90 Pandora und der phänomenale Mr Philby (Auszug 1)
92 Pandora und der phänomenale Mr Philby (Auszug 2)
94–95 Pandora und der phänomenale Mr Philby (Auszug 3)
96 Pandora und der phänomenale Mr Philby (Auszug 4)
aus: Pandora und der phänomenale Mr Philby. Dressler Verlag, Hamburg 2017, S. 38–39 (A), S. 15 und 29 (B), S. 42 (C), S. 63 (D), S. 135–137 (1), S. 160–162 (2), S. 170–173 (3), S. 178, S. 181–183 und 185–186 (4) (gekürzt und vereinfacht)

Steinhöfel, Andreas (*1962)
156–157 Walsers Wohnzimmer (Szene 1)
158–159 Die empörten Frauen (Fortsetzung Szene 1)
161–162 Besuch von Delphine – Pauls Zimmer (Szene 2)
Szenen 1 und 2 aus: Steinhöfel, Andreas: Paul Vier und die Schröders. Bühnenbearbeitung von Damien Revol und Sandra Revol. Verlag für Kindertheater Weitendorf GmbH, Hamburg 2016 (gekürzt und vereinfacht))

Unbekannte/ungenannte Autorinnen und Autoren
50 Interview mit einem Profi-Slackliner
aus: https://www.slackliner-berlin.de/slackline-infos/?f=8&t=114 [30.11.2021] (gekürzt und vereinfacht)
51 Seiltanzen
Autorentext mit Informationen aus: https://de.wikipedia.org/wiki/Seiltanz [30.11.2021] (gekürzt und vereinfacht)
60 Das Skateboard und das Skateboardfahren
aus: https://klexikon.zum.de/wiki/Skateboard [30.11.2021]
178 Die Rauchzeichen der Ureinwohner Amerikas
nach: https://pagewizz.com/die-rauchzeichen-der-indianer [29.10.2021] (gekürzt und vereinfacht)

Originalbeiträge
20–21 „Ich wollte nicht, dass so etwas passiert!"
32 Gespräch über Klassensprecher
34 Klassenchat über Fluchkasse
40 Gespräch über Kaugummikauen im Unterricht
133 Schiffsunglück auf dem Eriesee
177 Emojis in aller Welt
183–184 Sehen mit den Fingerkuppen – einen Tag blind erleben
209 Prinzessinnen für Mädchen, Ritter für Jungen? – Rollenbilder in der Werbung
220 Blüten verändern ihre Farbe
221 Wasser steht auf dem Kopf
222 Eine Temperatur fühlt sich unterschiedlich an
224 Ein Luftballon duftet
227 Ein Luftballon platzt nicht
228 Die Luftballon-Rakete
229 Reisen ins All – zur Geschichte der Raumfahrt
242 Die Erfindung des Rads
243 Die Entdeckung der Röntgenstrahlung
246 Die Entwicklung vom Telefon zum Smartphone
247 Die Erfindung des Medikaments Penicillin
248 Die zunehmende Nutzung der Elektrizität
250 Die Entwicklung von Videospielen
264 Fußball im Regen
265 Ein Ratschlag am Spielfeldrand
267 Das Grün lesen
275 Was ist Breitensport?
276 Die olympischen Ringe
277 Kicken fürs Köpfchen
279 Warum hat man Muskelkater?
280 Sport vor 5000 Jahren
281 Sport ist witzig! (Anglerwitz)

Quellenvermerk
Vorsatz vorn Seite rechts aus dem Schülerbuch (ISBN 9783060634590)

Bildquellenverzeichnis

S. 13: Shutterstock.com/RoBird; **S. 16 oben links:** Shutterstock.com/De Visu; **Mitte links, Mitte rechts:** Shutterstock.com/Monkey; **S. 26:** mauritius images/Werner Dieterich; **S. 29:** Shutterstock.com/Iammotos; **S. 30 links:** Shutterstock.com/Monkey Business Images; **Mitte:** Shutterstock.com/VALUA STUDIO; **rechts:** Shutterstock.com/Junial Enterprises; **S. 31 links:** Shutterstock.com/rui vale sousa; **Mitte:** Shutterstock.com/Ranta Images; **rechts:** Shutterstock.com/karelnoppe; **S. 32:** Shutterstock.com/Drazen Zigic; **S. 40:** Shutterstock.com/Nor Gal; **S. 47 oben links:** stock.adobe.com/Alexander Rochau; **oben rechts:** Shutterstock.com/homydesign; **unten links:** Shutterstock.com/Mauro Rodrigues; **unten rechts:** Shutterstock.com/Andrew Angelov; **S. 48 oben:** RAD X-Sports GmbH; **unten:** mauritius images/alamy stock photo/Sasa Huzjak; **S. 49 oben:** mauritius images/alamy stock photo/Sasa Huzjak; **unten:** dpa-infografik; **S. 50:** Shutterstock.com/Maples Images; **S. 51 oben:** Shutterstock.com/David Tadevosian; **S. 51 unten:** Shutterstock.com/alphaspirit.it; **S. 57 oben rechts:** Shutterstock.com/homydesign; **S. 60 oben links:** Shutterstock.com/xiaorui; **oben rechts:** Shutterstock.com/Sakura Image Inc.; **S. 67:** sciencephotolibrary/SAM OGDEN; **S. 68 oben links:** mauritius images/TopFoto; **Mitte links:** Shutterstock.com/iofoto; **unten rechts:** Shutterstock.com/modus_vivendi; **unten:** stock.adobe.com/h368k742; **S. 69 links:** Shutterstock.com/SviatlanaLaza; **Mitte:** Shutterstock.com/SeventyFour; **rechts unten:** Shutterstock.com/Rawpixel.com; **S. 70:** Shutterstock.com/alexkich; **S. 74:** mauritius images/alamy stock photo/Yogi Black**; S. 81 oben:** Shutterstock.com/Nautical Moods; **unten:** Shutterstock.com/Photology1971; **S. 142, S. 144:** Kultur Kubik, Löchner & Kaminski GbR; **S. 175 Händeherz:** Shutterstock.com/pixel creator; **Schilder:** Shutterstock.com/Bildagentur Zoonar GmbH; **Roller:** Shutterstock.com/Markus Mainka; **Laptop:** Shutterstock.com/AndreyPopov; **Ampel:** Shutterstock.com/Keikona; Grafitti: Shutterstock.com/Anticiclo**; Frauen:** Shutterstock.com/Andrey_Popov; **S. 176 oben links:** Shutterstock.com/VH-studio; **oben rechts:** Shutterstock.com/insta_photos; **Mitte:** Shutterstock.com/fizkes; **unten links:** Shutterstock.com/Odua Images; **unten rechts:** Shutterstock.com/Fabio Principe; **S. 177 oben links:** Shutterstock.com/McLittle Stock; **Rose:** Shutterstock.com/Valentina Vectors; **Emojis:** stock.adobe.com; **S. 178:** Shutterstock.com/Daniel Eskridge; **S. 180 oben:** Shutterstock.com/Prostock-studio; **unten:** stock.adobe.com/wckiw; **S. 182:** stock.adobe.com/ptnphotof; **S. 183 oben:** Shutterstock.com/Pixel-Shot; **unten:** Shutterstock.com/Makupix Photos; **S. 184:** Shutterstock.com/Benjamin Albiach Galan; **S. 197:** DRK; **S. 198:** Shutterstock.com/Jacob Lund; **S. 200:** Kölner Verkehrs-Betriebe**; S. 202:** innocent Deutschland GmbH; **S. 205 oben links; oben rechts; oben Mitte, unten rechts:** Shutterstock.com/MITstudio; **unten links:** Shutterstock.com/Esin Deniz; **S. 206:** Greenpeace Schweiz; **S. 211:** Shutterstock.com/Bachkova Natalia; **S. 242:** Shutterstock.com/Yury Zap; **S. 248:** dpa Picture-Alliance/imageBROKER/our-planet.berlin; **S. 250:** Shutterstock.com/sakkmesterke; **S. 276:** Shutterstock.com/Alexey V Smirnov; **S. 280:** Shutterstock.com/Svetla Ilieva

Deutschbuch

Differenzierende Ausgabe

Lern- und Arbeitsheft
für den inklusiven Unterricht

Lösungen

Bildquellen: Shutterstock/pixelheadphoto digitalskillet (Junge mit Rucksack), Shutterstock/telesniuk (City Frankfurt Skyline)

7

Cornelsen

1 In vielen Netzen – Online und offline kommunizieren

Seite 13

1 **a** Herz → Du hast neue „Likes" erhalten.
Brief → Du hast neue Mitteilungen bekommen.
@ → Mit diesem Zeichen ordnest du einer Person eine Nachricht zu.
Du findest es auch in jeder E-Mail-Adresse.

Seite 14

1 **b** Gespräch A: im Klassenraum
Gespräch B: auf dem Pausenhof
Gespräch C: im Elektrofachmarkt
Handychat D: zu Hause am Smartphone
c Gespräch A: Schüler und Lehrer
Gespräch B: drei Freunde
Gespräch C: Schüler und Verkäuferin
Handychat D: zwei Freunde

Seite 15

2 Wo werden Wörter weggelassen? → geh gleich Kino / Willste
Welche Abkürzungen werden benutzt? → is / Isso / 'ne / red / zock 'ne
Welche Wörter gehören zur Alltagssprache? → Kein Plan / Heul nicht rum wegen der, du ziehst uns voll runter. / Nee, das bring ich nicht. / Was geht bei dir? / Nix / on / Nö / Nö, chill

3 Mögliche Lösung:
Gespräch A: Dann sind wir ja einer Meinung. Bitte überprüfe heute Abend, ob du deinen Wecker auch gestellt hast.
Gespräch B: Sag ihr, dass du keinen Bock auf die Spielchen hast, Mann!
Gespräch C: Das ist sehr nett von Ihnen, vielen Dank!
Handychat D: Alles klar, mach's gut!

Seite 16

1 **b** Das Mädchen heißt Senna Libowitz.
Sie wohnt in 21075 Hamburg, Waldstraße 2.
Sie mag: Deutschrap, Abonnenten und Likes.
Sie mag nicht: Schule, Hausaufgaben, Herrn Strecke.

2 X den Nachnamen, X die Adresse, X die Dinge, die man nicht mag, X die Fotos mit anderen Personen

Seite 19

1 **b** **A** Er braucht Hilfe beim Kochen von Nudeln.
B die Antwort von Eva2110
C Mögliche Lösung:
Die Person hat Eddie123 mit seinem Post beleidigt. Beleidigungen verstoßen gegen die Regeln.

2 **c** Mögliche Lösung:
1. Regel: Niemand wird beleidigt.
2. Regel: Es werden keine Schimpfwörter benutzt.
3. Regel: Wir schreiben höflich miteinander.
4. Regel: Niemand wird ausgegrenzt.

Seite 21

2
3 die Schulleitung
1 die Klassenlehrerin
2 die Sozialpädagogin
4 die Polizei

3 **a** Mögliche Lösung:
Melia hat sich alleine und hilflos gefühlt. Sie war bestimmt sehr traurig. Das alles hat sie sicher sehr verletzt.
b Mögliche Lösung:
Liebe Melia,
auch wenn ich mich schon bei dir entschuldigt habe, möchte ich dir diesen Brief schreiben.
Es tut mir leid, was passiert ist. Es muss schlimm für dich gewesen sein. Ich möchte dir erklären, warum ich das gemacht habe. Henry war mein bester Freund und ich war in ihn verliebt. Ich war eifersüchtig auf dich und eure Beziehung. Deshalb habe ich die schlimmen Sachen über dich im Internet gepostet. Ich wollte, dass Henry dich nicht mehr mag und mit dir Schluss macht.
Ich wusste nicht, welche schlimmen Folgen das für dich haben kann. Darüber habe ich nicht nachgedacht.
Ich wollte nicht, dass alle schlecht über dich reden und du deswegen die Schule wechseln musst.
Ich hoffe, dass ich das wieder gut machen kann und du mir verzeihen kannst. Ich habe daraus gelernt, dass es besser ist, darüber zu reden, wenn man traurig oder wütend ist.
Gerne helfe ich dir dabei, das Gerücht aus der Welt zu schaffen.
Liebe Grüße
Lisa

Seite 22

1 **b** Frage A: zwei Freundinnen
Frage B: zwei Personen auf der Straße
c Frage B ist länger.

2 **b** Gespräch A: zwei Freunde
Gespräch B: Schülerin und Lehrerin
Gespräch C: Großmutter und Enkel
c Abkürzungen: zock 'ne
Du-Form: Was geht bei dir heute? / Was machst du denn am Wochenende?
höfliche Sie-Form: Was machen Sie denn am Wochenende?

Seite 24

1 **c** Gespräch A: Felix spricht mit seinem Klassenlehrer.
Gespräch B: Felix spricht mit dem Verkäufer.
Gespräch C: Felix spricht mit seinen Freunden.
Gespräch D: Felix spricht mit seinen Großeltern.

2
Du-Form: Hey Leute!
höfliche Sie-Form: Vielen Dank für Ihre Glückwünsche. Hätten Sie vielleicht eine passende Schutzfolie? Und könnten Sie diese bitte auch gleich auftragen?
Abkürzungen: 'n, 'ne, heut'
Wörter, die aus dem Englischen kommen: nice, freshe, mobile game, gedownloadet, on, happy

Seite 26

1 b Mögliche Lösung:
Aussage A: eine alte Person
Aussage B: eine junge, erwachsene Person
Aussage C: eine jugendliche Person
Aussage D: eine ältere Person
c hervorragend, echt krass, genial, mega, voll nice, super, ausgezeichnet, großartig

2 Die Leute vor dem Kino sprechen über den Film.
Die Leute vor dem Kino reden über den Film.
Die Leute vor dem Kino diskutieren über den Film.
Die Leute vor dem Kino schwärmen über den Film.

3 schwarz-weiß – bunt, modern – altmodisch, lustig – ernst

2 Respekt tut gut! – Strittige Themen diskutieren

Seite 29

1 Mögliche Lösung:
Wohin soll es auf Klassenfahrt gehen?
Wer wird Klassensprecherin oder Klassensprecher?
Wie wollen wir die Tische im Klassenzimmer stellen?

2 Mögliche Lösung:
Thema: Wie wollen wir die Tische in unserem Klassenzimmer stellen?
- Gruppentische, das ist besser für die Zusammenarbeit bei Gruppenarbeiten
- U-Form, da kann man alle aus der Klasse besser sehen und muss sich nicht so verrenken, wenn einer was sagt

Seite 30

1 Mögliche Lösung:
Der Lehrer möchte, dass die Kinder lernen, wie man sich höflich verhält.

2 Mögliche Lösung:
Die Körperhaltung von Mario zeigt, dass er aufgeschlossen und begeistert ist.
Lilis Gesichtsausdruck wirkt begeistert.
Sarah sieht genervt aus.
Onur wirkt ablehnend.
Jason sieht aus, als wenn er unentschlossen ist.

Seite 31

3 a für den Benimm-Kurs: Mario, Lili, Jason
gegen den Benimm-Kurs: Sarah, Onur
b Mögliche Lösung:
Ich finde einen Benimm-Kurs spannend. Einen solchen Kurs habe ich noch nie besucht.
Es kann nicht schaden, etwas über höfliches Verhalten zu lernen.

Seite 32

2 **a** Folgende Textstellen hast du markiert:
Zeilen 5–7: Sie sollte sich immer an die Regeln halten, da sie ja sozusagen „der Boss" der Klasse ist.
Zeilen 10–11: Ich finde, Klassensprecher müssen nicht immer Vorbilder sein.
Zeilen 17–18: In der Klasse sind wir doch alle für uns selbst verantwortlich.
Deshalb brauchen wir nicht unbedingt ein Vorbild.
Zeilen 20–21: Sie sollten sich für ihre Klasse einsetzen, zum Beispiel wenn es ein Problem mit einem Lehrer gibt.
b Mögliche Lösung:
A Ich bin der gleichen Meinung wie Kerem, denn ein Klassensprecher oder eine Klassensprecherin sollte ein Vorbild sein.
B Ich stimme Mia zu, weil wir in der Klasse doch alle für uns selbst verantwortlich sind.
c Kerem: nie zu spät kommen, nicht im Unterricht einfach essen
Mia: Tafeldienst darf man mal vergessen / für die Klasse einsetzen, wenn es ein Problem mit einem Lehrer gibt

Seite 34

2 A Hier im Klassenchat wird in letzter Zeit voll viel geflucht.
B Ich bin dafür, dass man pro Fluch einen Euro in die Klassenkasse tun muss.
C Zustimmung: Luca, Marco, Luisa
keine Zustimmung: Hilal, Shewin

3 Mögliche Lösung:
Ich bin für eine Fluchkasse, denn höfliche Sprache ist wichtig.
Ich bin gegen eine Fluchkasse, denn ich will wenigstens im Chat reden, wie ich will.

Seite 38

1 **a** Mögliche Lösung:
Nein, bei uns sieht es nicht so aus, denn wir haben jede Woche verschiedene Ordnungsdienste, die auch wechseln.
b Mögliche Lösung:
Man kann verschiedene Dienste einrichten, die Ordnung halten.

2 Mögliche Lösung:
Nehmt Rücksicht! Die Lernatmosphäre ist viel besser, wenn nicht überall Müll in den Ecken liegt!

3 Mögliche Lösung:
Seid respektvoll! Sorgt für Ordnung im Klassenzimmer! Behandelt fremdes Eigentum respektvoll!
Haltet euren Schulhof sauber!

Seite 40

2 **a, b** B, L, A, S, E → Blase

Seite 43

2 **b, c** Ein Oberteil, **das**/~~dass~~ den Bauchnabel nicht bedeckt, findet unsere Schulleitung unpassend.
Sie findet auch ein Käppi unpassend, **das**/~~dass~~ in der Klasse getragen wird.
Auch die Lehrkräfte möchten, ~~das~~/**dass** sich alle an die Kleiderordnung halten.
Wir fordern, ~~das~~/**dass** wir über unsere Kleidung selbst entscheiden dürfen!

3 **b, c** Wir denken, **dass**/~~das~~ die Kleiderregel Probleme mit sich bringt.
Woher weiß man, ob das Top, ~~dass~~/**das** eine Schülerin trägt, nur sehr kurz oder schon bauchfrei ist?
Es ist klar, **dass**/~~das~~ den Lehrkräften nicht egal ist, wie wir uns kleiden.
Wir lehnen ein Verbot ab. Wir schlagen aber vor, **dass**/~~das~~ wir in Zukunft genauer überlegen, was wir in der Schule tragen.

3 Sport und Spiel – Informieren und referieren

Seite 47

1 Mögliche Lösung:
- Auf dem ersten Bild sehe ich zwei Personen, die auf einem besonderen Board stehend auf dem Wasser paddeln. Diese Sportart heißt Stand-up-Paddling.
- Auf dem zweiten Bild fährt ein Junge Mountainbike und macht Stunts.
- Auf dem dritten Bild wird Bubble-Fußball gespielt.
- Auf dem vierten Bild klettert eine Frau an einer Kletterwand.

Seite 48

2

1	Die Bewegungsabläufe beim Blobben
2	Wie funktioniert das Blobben?
7	Das Schaubild
3	Die Sicherheitshinweise
4	Das Beste
5, 6	Die Beispielfotos

Seite 49

3
- 2 bis 3 Personen
- Sprungkissen (der Blob)
- eine Person springt, eine andere wird in die Luft geschleudert
- Wassertiefe von 2,5 Meter ist Voraussetzung
- Schwimmweste, Helm
- besser als Trampolinspringen
- Sprunghöhe: bis zu 5 Meter
- Größe des Blobs: 10 Meter lang, 3 Meter breit
- Mindestalter: 12 Jahre

4 Mögliche Lösung:
Ich möchte euch die Sportart Blobbing vorstellen. Dafür braucht man mindestens zwei Personen und ein Sprungkissen, den Blob. Das Ganze funktioniert so, dass eine Person auf das eine Ende des Kissens springt und damit die Person am anderen Ende des Kissens in die Luft schleudert. Aus Sicherheitsgründen muss das Wasser dazu mindestens 2,5 Meter tief sein. Und man muss eine Sicherheitsweste tragen sowie einen Helm. Man kann dabei bis zu fünf Meter hoch in die Luft geschleudert werden. Ab 12 Jahren darf man diesen verrückten Sport ausüben, der garantiert aufregender ist als Trampolinspringen.

Seite 50

2 A auf einem gespannten Band balancieren
B ein Band aus Kunstfasern
C eine 8 bis 10 Meter lange Line auf Kniehöhe
D auf einen festen Punkt gucken, Oberkörper gerade halten, Arme seitlich ausbreiten, sich stützen lassen

Seite 51

3 Mögliche Lösung:
Also, das Slacklining ist eine Sportart, bei der man auf einem Band balanciert. Dieses Band wird meist zwischen zwei Bäumen gespannt. Es besteht aus Kunstfasern und sollte zum anfänglichen Üben 8 bis 10 Meter lang sein und auf Kniehöhe gespannt werden. Am Anfang ist es hilfreich, wenn man sich einen festen Punkt sucht, auf den man sich konzentriert. Außerdem sollte man den Oberkörper gerade halten und die Arme seitlich ausstrecken.
Viel Übung macht auch hierbei den Meister.

4 b

die Akrobatik	dabei spreizt man die Beine (zu einer Linie)
das Balancieren	die Künstlerinnen und Künstler
die Artistinnen und Artisten	sich im Gleichgewicht halten
der Spagat	eine Sportart, bei der geschickte körperliche Bewegungen ausgeübt werden

Seite 52

5 **Gemeinsamkeiten:** Man balanciert auf einem Seil oder Band. Um das Gleichgewicht zu halten, wendet man unterschiedliche Techniken an, zum Beispiel auf einen festen Punkt geradeaus gucken. Für beides braucht man viel Übung.
Unterschiede: Eine Slackline ist dehnbar, aber ein Drahtseil ist starr. Hochseiltänzer balancieren in einer Höhe von 8 bis zu 100 Metern. Slackliner hingegen balancieren meist auf Kniehöhe. Seiltänzer benutzen meist eine lange Stange.

6 a A Was ist überhaupt Slacklining?
B Wo kann man die Slackline anbringen?
C Was trainiert man beim Slacklining?
D Was muss man dabei beachten?
E Wie unterscheidet sich Slacklining vom Seiltanzen?

b A balanciert auf einem straff gespannten Band
B zum Beispiel zwischen zwei Bäumen
C Gleichgewicht und Körperspannung
D Slackline ist dehnbar, freihändiges Balancieren
E keine so große Höhe, Band ist dehnbar, lässt sich schneller erlernen

Seite 53

2 Beim Slacklining balanciert man auf einem Band, das zwischen zwei Bäumen gespannt wird. Eine Slackline ist ein Band aus Kunststoff. Beim Balancieren muss man das Gleichgewicht halten. Dabei sollte man seine Arme ausbreiten und nach vorne gucken.

3 Viele verwechseln Slacklining mit Seiltanzen, weil man bei beiden Sportarten auf einem Seil oder Band balanciert. Allerdings wird beim Seiltanzen auf einem Drahtseil balanciert und oft eine Stange benutzt, um das Gleichgewicht zu halten.

4 Slacklining ist eine tolle sportliche Aktivität.
Ich empfehle allen, die es ausprobieren möchten, Geduld mitzubringen.

Seite 57

1 Mögliche Lösung:
- Ich würde gerne Slacklining ausprobieren. Das hat mich in dem Text neugierig gemacht.
- Ich hätte Lust auf Bubble-Fußball. Ich mag solche verrückten Sportarten.

2 **b** Mögliche Lösung:
- Man kann mit dem Skateboard auf der Straße oder im Skaterpark fahren.
- Es gibt unterschiedlich große und lange Skateboards.
- Man kann damit Stunts machen.
- Es gibt berühmte Skateboard-Fahrer, die besonders beeindruckende Stunts und Tricks machen können.

3c, 4 **A** ein Brett mit Rädern darunter
B kann entweder darauf fahren oder Kunststücke damit machen
C ca. 1950 in den USA, von Surfern erfunden
D verschiedene Arten: zum Beispiel Longboards und Waveboards

Seite 61

2 **a** Mögliche Lösung:
Wir möchten euch heute über die Sportart „Skateboard-Fahren" informieren.
Wir haben interessante Informationen dazu im Internet gefunden.

b Mögliche Lösung:
1. Ein Skateboard ist ein Brett mit Rädern unten dran.
2. Mit dem Skateboard kann man einfach fahren oder Kunststücke machen.
3. Es gibt verschiedene Arten von Skateboards, zum Beispiel Longboards oder auch Waveboards.
4. Erfunden wurde es von Surfern in den USA in den Jahren nach 1950.
5. Außerdem gibt es sogar Weltmeisterschaften im Skateboarden. Und es gibt Skateboarder, die berühmt sind für ihre Kunststücke.

c Mögliche Lösung:
Wir empfehlen euch, das Skateboarden unbedingt auszuprobieren, denn es macht wahnsinnig viel Spaß.
Habt ihr noch Fragen? Danke für eure Aufmerksamkeit.

4 Mode im Wandel der Zeiten – Beschreiben und erklären

Seite 67

1 Mögliche Lösung:
Die knallrote Kopfbedeckung sieht aus wie ein Rohr.
Der hellblaue Mantel sieht aus wie aus einer anderen Welt.
Die bunte Hose sieht aus wie ein Karnevalskostüm.

Seite 68

1 **b** Die junge Frau mit den gelben Schuhen trägt Kleidung aus den 1960er-Jahren.
Der junge Mann mit der weiten Hose trägt Kleidung aus den 1990er-Jahren.
Das Pärchen mit dem Schirm trägt Kleidung aus den 1960er-Jahren.
Die drei Mädchen mit den bunten Strumpfhosen tragen Kleidung aus den 1990er-Jahren.
Der junge Mann mit der grauen Mütze trägt Kleidung aus den 2020er-Jahren.
Die junge Frau mit der schwarzen Handtasche trägt Kleidung aus den 2020er-Jahren.

Seite 69

2 Mögliche Lösung:
Die junge Frau trägt ein gemustertes Kleid und eine grüne Strumpfhose.
Ihre Schuhe sind gelb.
Ihre Kleidung sieht auffallend aus.
Sie trägt ein Haarband.
Am Handgelenk hat sie ein grünes Armband.

Seite 70

2 Die Begriffe hast du in folgender Reihenfolge aufgeschrieben:
graue Mütze – Beanie
große Sonnenbrille
rote Lederjacke
rotblau kariertes Hemd
schwarze Skinny-Jeans
weiße Schnürsenkel
dunkle Sportschuhe

Seite 71

3 **a** Mögliche Lösung:
Die Bloggerin Lilia ist ungefähr 16 Jahre alt und ungefähr 1,75 Meter groß.
b Ihr Gesicht ist kaum zu sehen, weil sie eine große Sonnenbrille trägt.
Auf dem Kopf sitzt eine graue Mütze.
Darunter kommen ihre welligen Haare hervor.
Außerdem hat sie einen roten Lippenstift aufgetragen.
Besonders auffällig ist die rote Lederjacke.
Sie trägt ein kariertes Hemd.
Die Farben der Karos sind rot und blau.
Lilia trägt eine schwarze Skinny-Jeans.
Die Füße stecken in dunklen Sportschuhen mit weißen Schnürsenkeln.
In der linken Hand hält sie ein schwarzes Skateboard.
Ihr Handy steckt in der Hosentasche.
Sie steht lässig und zeigt ihr Outfit selbstbewusst.
c Mögliche Lösung:
Ich finde Lilia modern und selbstbewusst.

Seite 74

1 **b** Die Begriffe hast du in folgender Reihenfolge aufgeschrieben:
einen Jungen
einen roten Anzug
eine glänzende Schärpe
drei Katzen
einen Vogelkäfig
eine Elster
eine Visitenkarte
c Mögliche Lösung:
Wenn ich das Bild betrachte, denke ich an frühere Zeiten.
Das Bild wirkt auf mich anders als heute.

Seite 75

2 **a** Das Bild des Malers Francisco de Goya stammt aus dem 18. Jahrhundert.
Es hat den Titel „Don Manuel Osorio Manrique de Zuñiga".
Das Bild ist mit Öl gemalt.
Es zeigt ein Porträt des jungen Don Manuel.
b In der Mitte des Bildes sieht man einen Jungen.
Rechts neben den Füßen des Jungen befinden sich drei Katzen.
Links neben Don Manuel steht ein Vogelkäfig.
Vor ihm auf dem Boden ist eine Elster.
Sie hat eine Visitenkarte im Schnabel.
Der Junge trägt einen kostbaren roten Anzug mit einer glänzenden Schärpe.
c Mögliche Lösung:
Das Bild wirkt teuer auf mich.
Die Stimmung ist wie aus einer anderen Zeit.

Seite 80

1 **b** A in den Sommerferien
B weil sie es liebt

Seite 81

2 **a, b** der Körperbau: dünn und groß
die Haare: rotblonde Haarsträhnen, stehen wild vom Kopf ab
die Ohren: stehen ab
das Schulterblatt: links ein großer, blauer Fleck
die Badehose: grasgrün

3 1 Ein Junge, dünn und groß wie die frisch gepflanzten Birken vorm Friedhof und auch genauso weiß.
2 Dort schlägt die Birke um sich und strampelt wie ein wild gewordener Pudel.
Textzitate aus: Höfler, Stefanie: Mein Sommer mit Mucks. Gulliver von Beltz & Gelberg, Weinheim 2015, S. 17–19.

Seite 82

2 **Zonja:** lacht, schaut in den Vorhang aus Tropfen hinein, schaut entgeistert zu, als Mucks Anlauf nimmt und sich in den Regen stürzt
Freibadbesucher: rennen kreischend davon
Bademeister: stolpert und schlittert fluchend auf dem nassen Fliesenboden, schickt einen Fluch los
Kioskmann: beeilt sich, schaut entgeistert zu, als Mucks Anlauf nimmt und sich in den Regen stürzt
Mucks: lacht, nimmt Anlauf und stürzt sich mitten in den Regen, dreht sich im Wasserfall aus Regen und hüpft dabei auf und ab, jauchzt dabei und winkt Zonja zu
Textzitate aus: Höfler, Stefanie: Mein Sommer mit Mucks. Gulliver von Beltz & Gelberg, Weinheim 2015, S. 86–87.

5 „Pandora und der phänomenale Mr Philby" – Einen Jugendroman lesen

Seite 87

1 **a** Mögliche Lösung:
Ich sehe auf dem Bild: Wolken, Vögel, Wasser, Häuser, Küstenlandschaft, Felsen, ein Boot.
Im Vordergrund sind: eine Küste, Steinfelsen, eine Möwe, ein Weg vom Strand nach oben zu den Häusern.
Im Hintergrund sind: Wolken, Vögel, Häuser mit blauen Dächern, eine kaputte Burg oder Burgruine.

b Mögliche Lösung:
Der Ort wirkt auf mich düster und geheimnisvoll.

c Mögliche Lösung:
Ich würde mir gerne die Ruine anschauen. Die sieht so spannend aus.
Ich würde mir den Eingang unten rechts im Bild anschauen. Der sieht so dunkel aus.

2 Mögliche Lösung:
In dem Roman könnte es um ein Verbrechen gehen.
In dem Roman könnte es um den Tod gehen.
In dem Roman könnte es um Geld gehen.

Seite 88

1 **b** X der Abenteuerroman

2 **c** 1 Vielleicht möchte ihre Mutter nicht, dass Pandora oft im Garten ist und Bücher liest oder zeichnet. Sie soll lieber etwas für die Schule tun.
2 Die Figur wünscht sich. Kunst zu studieren.

Seite 89

2 **c** 3 Vielleicht hat die Figur Probleme in der Schule.
4 Die Figur weiß alles über König Artus und die Ritter der Tafelrunde.
5 Ich vermute, dass die Figur Probleme mit dem Aussehen hat.
6 Vermutlich wünscht sich die Figur ein anderes Aussehen.
7 Ich könnte mir vorstellen, dass die Figur ein Maler ist.

Seite 91

3
- schon bei Tagesanbruch nicht friedvoll
- Einbruch der Dämmerung, Nebel stieg auf
- Umriss der Kirche perfekter Hintergrund für einen Gruselschocker
- gezacktes Mahnmal
- alter Glockenturm
- Fenster kaputt und mit Brettern zugenagelt
- schwarze Mauern mit Graffiti beschmiert

Seite 93

1 **b** Mr Philby hat sich von Myrtle das Auto ausgeliehen.

2 Er hat reiche Frauen betrogen, um Geld von ihnen zu erhalten.
Er sieht sich in dem gemütlichen Ohrensessel am Kamin sitzen.

3 **a** X Nein
b X Ja

Seite 95

2 **a** rot karierter Schlafanzug, alberne Entenschnabelpantoffel
b Mögliche Lösung:
Ashley sieht ziemlich albern aus.

3 **b** X ängstlich, X witzig, X altmodisch

4 Mögliche Lösung:
Ashley ist ein Freund von Pandora.
Er trägt komische Kleider und sieht lächerlich damit aus.
Er wollte sogar Handschuhe anziehen.
Ashley hatte keine Lust auf einen Ausflug mit Pandora, er wollte lieber ins Bett gehen.
Er konnte nicht so schnell laufen wie Pandora.
Ashley hatte große Angst, als er mit Pandora den Ausflug macht. Aber er machte alles mit.
Ashley hatte eine Taschenlampe mit und konnte Pandora helfen.

Seite 96

2 A = Pandora
B = Zack
C = Ashley
D = Phinnaeus Philby

6 Pfiffige Typen – Kalendergeschichten untersuchen und zusammenfassen

Seite 109

1 **c** Mögliche Lösung:
Herr Balabans Antwort wirkt lustig, weil er so tut, als ob er etwas ganz Besonderes schenkt.
Der Bekannte schenkt ein Kaffeeservice für 12 Personen und Herr Balaban ein Teesieb für 40 Personen.

2 **b** Mögliche Lösung:
lustige Geschichten: Gregs Tagebuch, Asterix und Obelix
lustige Figuren: Greg, Obelix, Pippi Langstrumpf, Till Eulenspiegel

Seite 110

3 **b** X Er nörgelt ständig herum.

Seite 111

3 A unhöflich, genervt, ungerecht, gemein, zornig
B höflich, mutig, ruhig, schlau und humorvoll

4 **b** Der Diener wirft die Speisen ebenfalls aus dem Fenster.
Er handelt genauso wie sein Herr.

Seite 112

1 **b** geschätzt – angeschlagen, die Goldmünze – Gulden, die Kleidung – Kleiderstaat

2
1 Ein reicher Herr ist sehr stolz auf sich und seinen Kleiderstaat.
Er fragt seinen Diener: „Wie viel mag ich wohl wert sein, so wie ich hier stehe?"
(Ich als Person und dann noch meine Kleidung?)
2 Der Diener schätzt seinen Wert auf 550 Gulden.
3 Der reiche Herr ist verärgert. Der Diener gibt als Entschuldigung an:
„Ich habe deine Kleidung höher als 500 angeschlagen. (Sonst hätte ich insgesamt noch weniger als 550 Gulden gesagt.)

Seite 114

2 Die Buchstaben hast du in folgender Reihenfolge von oben nach unten eingetragen.
E H R L I CH

Seite 116

3 Die Geschichte „Der kluge Richter" wurde von Johann Peter Hebel geschrieben.
Sie handelt von einem reichen und geizigen Mann, einem ehrlichen Finder und einem klugen Richter.
Es ist eine kurze Geschichte.
Zunächst scheint der reiche Mann der Stärkere zu sein.
Vor Gericht kommt es jedoch zu einer überraschenden Wende:
Die Handlung wendet sich zum Schluss für den ehrlichen Mann doch noch zum Guten.
An dieser Stelle wird deutlich, dass Ehrlichkeit stärker ist als Unehrlichkeit.
Der Erzähler ist allwissend, das heißt, er weiß jederzeit, was alle Figuren denken.
Ich hätte nicht vermutet, dass der Richter die beiden Männer beim Wort nimmt.
Durch den überraschenden Schluss wird die Geschichte witzig.

Seite 117

1 **b** Was wird durch den letzten Satz von Herrn Balaban deutlich?
Es wird deutlich, dass Herr Balaban weiß, dass alle die Kätzchen nur wegen der wertvollen Schüssel kaufen wollen.

2 Der Geschäftsmann ist geschickt, weil er die Katze kaufen will, um die wertvolle Schüssel billig zu bekommen.
Herr Balaban ist geschickt, weil er die wertvolle Schüssel als Lockmittel einsetzt, um die Katze teuer zu verkaufen.

Seite 120

1 **b, c** RI CH T IG

Seite 123

2 2 Der Kellner behandelt Herrn Balaban unfreundlich.
1 Herr Balaban besucht in schäbiger Kleidung ein günstiges Restaurant.
5 Herr Balaban gibt wenig Trinkgeld. Der Kellner ist erstaunt.
6 Herr Balaban begründet sein Verhalten.
3 Trotzdem gibt Herr Balaban beim Bezahlen viel Trinkgeld.
4 Am nächsten Tag wird Herr Balaban sehr höflich behandelt.

3 Die Kalendergeschichte „Herr Balaban und seine Tochter Selda" von Martin Auer spielt in einem Restaurant. Darin erteilt Herr Balaban einem Kellner auf witzige Weise eine Lehre.

4 Herr Balaban betritt ein billiges Restaurant.
Der Kellner ist sehr unhöflich und lässt Herrn Balaban warten.
Als Herr Balaban bezahlt, gibt er dem Kellner fast so viel Trinkgeld, wie das Essen gekostet hat. Der Kellner ist darüber überrascht und wird sofort freundlich.
Bei seinem nächsten Besuch ist der Kellner sehr höflich. Doch dieses Mal gibt Balaban als Trinkgeld bloß eine kleine Münze. Verwundert fragt der Kellner: „Heute, wo ich höflich und nett bin, geben Sie mir bloß eine kleine Münze. Warum?"
Daraufhin antwortet Herr Balaban: „Gestern habe ich Ihnen das Trinkgeld für heute gegeben. Und das Trinkgeld von heute ist für Ihr schlechtes Verhalten von gestern!"

Textzitate aus: Auer, Martin: Herr Balaban und seine Tochter Selda. 222 Geschichten. Beltz & Gelberg, Weinheim/Basel 2002, S. 12 f.

7 Geheimnisvoll und schauerlich – Balladen untersuchen und gestalten

Seite 129

1 Mögliche Lösung:
Nebel, tosender Sturm, hohe Wellen, Feuer bricht aus, Insel wird entdeckt

3 das Steuer – das Feuer, die Flut – die Glut, das Riff – das Schiff, zerschellen – die Wellen

Seite 130

2 **a** Bild 2: Ein Schiff fährt mit Passagieren an Bord.
Bild 1: Ein Vater erzählt seiner Tochter am Grab von John Maynard.
Bild 3: Es bricht Feuer auf dem Schiff aus. Die Menschen sind verzweifelt.
Bild 4: Männer versuchen, das Feuer zu löschen.
Bild 5: Die Passagiere sind gerettet. Das Schiff geht unter.
Bild 6: Man sieht den Sarg und die Gedenktafel von John Maynard.

Seite 131

3 **c** In dem Text gibt es Reime und Wiederholungen.

Seite 133

3 **a** Folgende Textstellen hast du markiert:
Text von Aufgabe 1:
In der Ballade „John Maynard" fährt das Schiff „Die Schwalbe" über den Erisee. Kurz vor der Ankunft in Buffalo bricht ein Feuer auf dem Schiff aus. Dichter Qualm entsteht. Die Menschen haben Angst um ihr Leben. Der Steuermann John Maynard weiß, wie er alle retten kann. Er lenkt das Schiff mit Volldampf auf den Strand von Buffalo. Obwohl er in großer Lebensgefahr schwebt, behält er das Steuer fest in der Hand. So kann das Schiff den Strand rechtzeitig erreichen. Es zerbricht, aber alle Menschen sind gerettet. Nur der tapfere Steuermann John Maynard ist tot.

Text von Aufgabe 2:
In der Nacht vom 8. auf den 9. August 1841 geriet der Dampfer „Erie" auf der Fahrt von Buffalo nach Erie in Brand. Eine Ladung mit Terpentin und Farbe lagerte bei den Kesseln und hatte Feuer gefangen. Das Schiff nahm Kurs auf die acht Meilen entfernte Küste, konnte sie jedoch nicht mehr erreichen. Von den 200 Personen an Bord wurden nur 29 gerettet. Der diensthabende Steuermann Luther Fuller blieb bis zuletzt auf seinem Posten. Er überlebte schwer verletzt.

b

	Ballade	**Zeitungsartikel**
A Wie heißt das Schiff?	die Schwalbe	Erie
B Wie heißt der Steuermann?	John Maynard	Luther Fuller
C Kann das Schiff die Küste erreichen?	ja	nein
D Werden alle Menschen gerettet?	ja, bis auf einen	nein, nur 29 von 200
E Was passiert dem Steuermann zum Schluss?	er stirbt	er überlebt schwer verletzt

Seite 134/2

2 **b** Die Ziffern hast du in dieser Reihenfolge aufgeschrieben:
4.1,
4,
3.1,
3

Seite 135/1

3

1 Der Zauberlehrling will das Zaubern ungestört probieren.
1.1 Er will baden. Er mag sich das Wasser nicht selbst vom Fluss holen.
2 Der Besen soll das Wasser holen. (Er hext dem Besen zwei Beine und einen Kopf an.)
2.1 Der Zauberlehrling wiederholt den Zauberspruch.
3 Der Zauberlehrling freut sich, wie schnell der Besen das Wasser aus dem Fluss holt.
3.1 Dann ist genügend Wasser im Becken. (Der Zauberlehrling spricht einen anderen Zauberspruch.) Entsetzt bemerkt der Lehrling, dass er den richtigen Zauberspruch vergessen hat.
4 Immer mehr Wasser rinnt über die Stufen.
(Der Zauberlehrling ruft in Panik nach seinem Meister und der Meister kommt zurück.)
4.1 Der Meister weiß den richtigen Zauberspruch.
(Sofort lehnt der Besen wieder in der Ecke und der Spuk ist beendet.)

Seite 135/2

5 **b**

Trugbild – Was glaubt der Zauberlehrling zuerst von sich und seinen Fähigkeiten?	**Wirklichkeit** – Wie ist es in Wirklichkeit?
Der Zauberlehrling glaubt zuerst von sich, dass er auch Wunder tun kann. (…, dass er auch zaubern kann.)	Doch in Wirklichkeit wird er die Geister nicht mehr los. (… kann er den Zauber nicht beenden.)

c Der Meister kommt dem Zauberlehrling zu Hilfe.

6 a Strophenzahl: 4

b, c 1 Hat der alte Hexenmeister a
Sich doch einmal wegbegeben! b
Und nun sollen seine Geister a
Auch nach meinem Willen leben. b
Seine Wort' und Werke a
Merkt' ich und den Brauch, b
Und mit Geistesstärke a
Tu ich Wunder auch. b

2 Und nun komm, du alter Besen! a
Nimm die schlechten Lumpenhüllen. b
Bist schon lange Knecht gewesen; a
Nun erfülle meinen Willen! b
Auf zwei Beinen stehe, a
Oben sei ein Kopf, b
Eile nun und gehe a
Mit dem Wassertopf! b

3 Seht, er läuft zum Ufer nieder; a
Wahrlich! ist schon an dem Flusse, b
Und mit Blitzesschnelle wieder a
Ist er hier mit raschem Gusse. b
Schon zum zweiten Male! a
Wie das Becken schwillt! b
Wie sich jede Schale a
Voll mit Wasser füllt! b

4 Und sie laufen! Nass und nässer a
Wird's im Saal und auf den Stufen. b
Welch entsetzliches Gewässer! a
Herr und Meister! hör mich rufen! – b
Ach, da kommt der Meister! a
Herr, die Not ist groß! b
Die ich rief, die Geister, a
Werd ich nun nicht los. b

Aus: Goethe, Johann Wolfgang, Gedichte. Hrsg. v. Erich Trunz. C. H. Beck, München 1982, S. 272 (gekürzt)

d Reimschema: Kreuzreim

7 b / / / / / / / /
He-xen-meis-ter, He-xen-be-sen, Lum-pen-hül-le, Was-ser-strö-me

Seite 142

1 b A in der Burg des Zauberers
B Zauberbuch, Kerzenhalter mit drei Kerzen, Glasgefäße, Kochlöffel, Tisch, Stuhl
C schwarz, gelb, braun, grau

2 fleißig – faul • müde – wach • traurig – froh • mutig – feige • ängstlich – übermütig • bescheiden – selbstbewusst • arm – reich • klug – dumm • groß – klein • jung–alt

Seite 144

1 **b** A Totale – Foto 1
B Halbtotale – Foto 3
C Nahaufnahme – Foto 2
D Detailaufnahme – Foto 4

8 So ein Theater! „Paul Vier und die Schröders" untersuchen und produktiv erschließen

Seite 155

1 **b** Wer sind die Figuren? – eine Familie mit Hund, eventuell neue Nachbarn
Was macht Paul? – schaut aus einem großen Fenster und beobachtet die Familie
Was machen die Schröders? – tragen viele Koffer, Kisten, Taschen aus dem Auto, ziehen ins Nachbarhaus, tragen alles ins Haus

3 Folgende Begriffe hast du markiert:
die Bühne • die Schauspielerinnen und Schauspieler • die Kostüme • die Requisiten (Gegenstände, die man für das Theaterstück braucht) • der rote Vorhang • die Zuschauerbänke

Seiten 156–157

2 **a** A X ruhig X gelassen
B X schnell X hastig
C X hohe Stimmlage X schnell
D X fragend

Seite 159

2 **a** Frau Döller, Frau Markowski, Frau Heinsel, Frau Tauchmann, Frau Walser
b in einem Zimmer, im Wohnzimmer von einer Frau
c Die Frau mit den vier Kindern kommt nachts an.

Seite 160

3 A X eine lange Pause
B X überheblich

4 **b** Die Frauen regen sich über die vielen Kinder auf.

5 **b** Die Frauen sind schockiert darüber, dass die Frau mit den vier Kindern vielleicht keinen Mann hat (oder der Mann gestorben ist oder die Frau geschieden ist).

Seite 162

1 **b** Delphine gefällt Paul. Er ist ganz beeindruckt von ihr.

2 **a** Zeilen 3 bis 7 = 1. Textstelle
Zeilen 23 bis 27 = 2. Textstelle
Zeilen 29 bis 31 = 3. Textstelle
b X Er erzählt über das, was passierte, als er über seine Metzgerzukunft nachdachte.
X Er erzählt über Delphine beim ersten Treffen. Er sagt etwas über ihr Aussehen.
X Er sagt etwas zu Delphines Namen.

9 Zeichensprache und Schriftzeichen – Sachtexte und Medien untersuchen

Seite 175

1 Mögliche Lösung:
- Auf dem Weg zur Schule komme ich an vielen Ampeln vorbei.
- Auf dem Weg zu meiner Oma sehe ich viele Straßenschilder.
- Ich habe gestern eine Wand gesehen, die mit Graffiti besprüht war.
- Meine Freundin und ich nutzen manchmal Zeichensprache.
- Computersymbole sind mir von Papas Laptop bekannt.
- Ich habe schon einmal gesehen, wie sich Menschen mit Gebärdensprache unterhalten haben.

2 **a** Mögliche Lösung:
- jemanden fragen, im Internet nachschauen, in Büchern nachschlagen

b Mögliche Lösung:
- Ich suche gern im Internet. Es gibt tolle Seiten für Kinder, auf denen ich gerne stöbere.

Dort finde ich schnell viele Ergebnisse und unterschiedliche Informationen.
- Ich suche am liebsten in Sachbüchern nach bestimmten Informationen.

Das ist schön übersichtlich und geht schneller, als im Internet unzählige Seiten zu durchsuchen.

Seite 176

1 **a** Mögliche Lösung:
Die Menschen gucken sich freundlich an, gehen aufeinander zu, lächeln, haben Blickkontakt, begrüßen sich mit unterschiedlichen Gesten (Handdruck, Umarmung usw.).

b

die Umarmung	Freundinnen und Freunde
	bekannte Menschen, mit denen man aber nicht befreundet ist
das Händeschütteln	fremde Menschen
	Familie

c Mögliche Lösung:
Begrüßungsformen sind ein Zeichen der Höflichkeit.
Man drückt darüber Zuneigung und Respekt füreinander aus.

Seite 177

2 **a** Man ist glücklich.
b um das Geschriebene besser zum Ausdruck zu bringen, um etwas zu verdeutlichen, um Gefühle und Emotionen auszudrücken

3 **b** weil der Smiley mit der Sonnenbrille das Geschriebene betont, er steht für Coolness

4 **b** Frankreich – Emoji Herz
Türkei – Emoji Lachen
arabische Länder – Emoji Blume

Seite 178

1 b Mögliche Lösung:
Es könnte um die Ureinwohner Amerikas gehen und um Rauchzeichen.
Ich habe schon viele Bücher zu dem Thema gelesen. / Mein Opa hat mir schon viel darüber erzählt. / Ich habe schon einmal eine Dokumentation dazu gesehen.

Seite 179

2 b Sie verständigten sich häufig mit Hilfe von Rauchzeichen. Diese hatten unterschiedliche Bedeutungen und waren über große Entfernungen sichtbar.

3 b A Wozu dienten die Rauchzeichen?
zur Kommunikation, um Nachrichten weiterzugeben, um vor etwas zu warnen
B Wie wurden Rauchzeichen erzeugt?
Man brauchte ein Feuer auf einer Anhöhe. Man warf Gras oder Laub in das Feuer, so entstand eine Rauchfahne. Diese teilte man mit einer feuchten Decke in Rauchwolken auf.

4 Der Text „Die Rauchzeichen der Ureinwohner Amerikas" informiert darüber, wie sich die ersten Bewohner Nordamerikas verständigt haben. Im 1. Absatz wird erläutert, wozu die verschiedenen indigenen Stämme Rauchzeichen benutzt haben. Und zwar wurden damit Nachrichten über eine große Entfernung weitergegeben. Der 2. Absatz erklärt, wie sie mit Gras und Laub eine Rauchfahne erzeugten. Mit einer feuchten Decke ließ sich die Rauchfahne unterbrechen und formen. Im 3. Absatz werden Beispiele für die Bedeutung der Rauchzeichen genannt.

Seite 180

1 Mögliche Lösung:
Menschen können sich mit Hilfe von Händen verständigen. Mit den Fingern kann man verschiedene Symbole darstellen. Und mit dem Mund kann man auch bestimmte Ausdrücke formen.

Seite 182

4 Richtige Aussagen:
X Bei der Gebärdensprache werden die Worte mit den Händen gebildet.
X Schon vor langer Zeit gab es eine Gebärdensprache.
X Mit dem Fingeralphabet können gehörlose Menschen buchstabieren.
X Gehörlose Menschen lernen gerne hörende Menschen kennen.

Seite 184

1 b Mögliche Lösung:
Ich finde den Text sehr interessant und informativ.

2 Aussage C ist richtig.

Seite 185

3 c 1. Textstelle – gibt rein sachliche Informationen wieder, beantwortet W-Fragen
2. Textstelle – schildert Gedanken und Gefühle, wörtliche Rede kommt vor

4 Satz A – wörtliche Rede
Satz B – anschauliches Verb, Gefühle

10 Das willst du!? – Werbung untersuchen und gestalten

Seite 197

1 **b** Die Person auf dem Bild …
… ist eine junge Frau.
… hat rote Haare.
… hat einen Irokesenschnitt.
… trägt rot-schwarze Kleidung.
… trägt eine Jacke/Uniform vom Deutschen Roten Kreuz.
… sieht aus wie ein Punk.
… steht auf einem Bahnhof vor den Bahngleisen.
Im Hintergrund sieht man große Fenster / einen Bahnhof / ein Gleis.
Die Überschrift lautet „Helfen steht jedem gut".
Das Symbol unten rechts ist ein rotes Kreuz.

c Mögliche Lösung:
In der Werbeanzeige geht es darum, dass jeder Mensch helfen kann, egal wie er oder sie aussieht, welche Hobbys oder Vorlieben er oder sie hat.

2 Mögliche Lösung:
Wo könnt ihr Werbung sehen? zum Beispiel im Fernsehen, im Internet, auf Plakaten, auf großen Bildschirmen, an Häuserwänden

Seite 198

2

die Zielgruppe	ein Spruch, den man sich gut merken kann
der Slogan	Außenwirkung oder Ruf
der Eyecatcher	ein Etikett, auf dem die Marke zu sehen ist. Es wird auf die Verpackung oder auf das Produkt geklebt.
das Image	ein Symbol oder Zeichen, das für ein bestimmtes Produkt steht
das Logo	Es wird festgelegt, für wen Werbung gemacht wird. Zum Beispiel werden Alter, Geschlecht und Interessen berücksichtigt.
das Label	ein besonders auffälliges Bild oder Element in einer Werbeanzeige

Seite 199

3 Der Slogan ist in englischer Sprache geschrieben.
Jedes Wort beginnt mit dem Buchstaben f. Dadurch bleibt er gut im Kopf.

5

Medien	Zielgruppen
auf Plakaten	berufstätige Erwachsene, junge Eltern, Rentner, Sportfans
im Radio	berufstätige Erwachsene, junge Eltern, Rentner, Sportfans
in der Zeitung	berufstätige Erwachsene, junge Eltern, Rentner, Sportfans
im Fernsehen	Kinder, Teenager, berufstätige Erwachsene, junge Eltern, Rentner, Sportfans
im Kino	berufstätige Erwachsene
im Internet	Teenager, berufstätige Erwachsene, junge Eltern, Sportfans
in Social-Media-Kanälen	Teenager, berufstätige Erwachsene, junge Eltern, Sportfans

Seite 200

1 **b** der Hintergrund
der blaue Himmel (Pfeil geht zum blauen Himmel)
die Sanddüne (Pfeil geht zu den Sandbergen)
der Eyecatcher
die Turmspitzen des Kölner Doms (Pfeil geht zu den Turmspitzen)
die Karawane (Pfeil geht zu den Menschen und Kamelen)
die Kamele (Pfeil geht zu den Kamelen)
die Sandwüste (Pfeil geht zu dem Sand im Vordergrund)
der Slogan
das Logo

c Mögliche Lösung:
Auf dem Bild sind Sanddünen / Kamele / zwei Turmspitzen zu sehen.
Ich sehe viel Sand / einen blauen Himmel / Menschen und Kamele.
Komisch finde ich, dass da die Turmspitzen zu sehen sind / dass der Kölner Dom im Sand eingegraben ist.

2 Der Eyecatcher auf der Werbeanzeige ist der Kölner Dom.
Im Hintergrund sieht man eine Sandwüste, einen blauen Himmel, Sanddünen.
Der Slogan lautet: „Ihr Beitrag zum Klima? – Mehr Bus & Bahn fahren!"
Das Logo ist ein roter Pfeil, der nach rechts zeigt und sich in einem roten Kreis befindet.

Seite 202

2 grün: Werbespruch B
blau: Werbespruch A
rot: Werbespruch D
gelb: Werbespruch C

3 **c** Der Eyecatcher ist das Bild (E).
Die Farbe der Flasche ist (A).
Auf dem Label steht (D).
Der Slogan besteht aus (B).
Der Slogan bedeutet normalerweise (C).
In dieser Werbung bedeutet der Slogan aber (F).

Seite 205

1 a Was siehst du auf den Bildern? Getränk/Wasser/Mineralwasser, eine Creme für das Gesicht, Pfannkuchen, Tortilla-Chips, Erdbeermarmelade
Welche Texte gibt es? ein Rezept, mit dem man Erdbeermarmelade selber machen kann
b Mineralwasser, Pfannkuchen, Tortilla-Chips, Gesichtscreme, Erdbeermarmelade

2 a, b

Vorteile	Nachteile
Die Werbung ist auf die Interessen der Nutzerinnen und Nutzer abgestimmt.	Achtung: Man erkennt Online-Werbung nicht immer als Werbung!
Man gelangt schnell zum Online-Shop und kann die Produkte dort bestellen.	Man hinterlässt Spuren im Netz. Zum Beispiel werden Suchbegriffe gespeichert und dann werden dadurch Werbeanzeigen angezeigt.

Seite 206

1 b Im Hintergrund: Delfin, Haie, Fische, Meerestiere (blau)
Im Vordergrund: Schildkröte, Korallen, Fischschwarm (orange, rot)
Das Hinweisschild: ein grünes Schild (gelb, grün)
Der Slogan (Titel): „Peace zwischen Mensch und Meer" (weiß)
das Logo (Von wem ist die Werbung?): Greenpeace (weiß)

2 a Im Hintergrund: das blaue Meer, ein Delfin, Haie, Wasserpflanzen, blau, grün
Im Vordergrund: die Schildkröte, ein rotes Korallenriff, ein gelber Fischschwarm, rot, gelb, orange
Das Hinweisschild: grün, 40 % Schutzgebiete – JETZT! Greenpeace, ein Taucher/Mensch
Der Slogan: in Weiß, große Buchstaben, Blockbuchstaben, „Peace zwischen Mensch und Meer"
Das Logo: Greenpeace
b Im Vordergrund sieht man ein Foto von einer Schildkröte und rote Korallen.
Im Hintergrund erkennt man das blaue Meer, einen Delfin, Sonnenstrahlen und Haie im blauen Meer.
Das Logo ist ein Schriftzug von Greenpeace. Es befindet sich unten rechts.
Der Slogan lautet „Peace zwischen Mensch und Meer".
Oben rechts ist eine Aufforderung, sie lautet: „40 % Schutzgebiete – JETZT! Greenpeace".

3 X Die Werbung ruft dazu auf, eine Umweltorganisation beim Schutz der Meere zu unterstützen.

4 rot: warnend, Signal → im Vordergrund: Korallen
blau: kühl → im Hintergrund
gelb: warm und fröhlich → in der Mitte
grün: natürlich → in der Mitte
weiß: sauber, friedlich → der Slogan

Seite 208

5 **Einleitung:** In der Werbeanzeige ruft die Umweltorganisation Greenpeace dazu auf, dass die Menschen das Meer und die Tiere schützen. Es handelt sich um eine Mitmachwerbung.
Hauptteil: Im Vordergrund, unten im Bild, sieht man eine Schildkröte mit Korallen.
Hier wurde die Farbe Rot gewählt, da es dadurch sehr auffällt und eine warnende Wirkung hat.
Der Hintergrund ist in den Farben Blau, Grün und Gelb gestaltet.
Im Hintergrund, oben im Bild, erkennt man einen Delfin, viele Haie und Wasserpflanzen.
Das Hinweisschild rechts oben ist neongrün. Dadurch fällt es sehr auf.
Der Slogan befindet sich in der Mitte der Anzeige. Es sind weiße Großbuchstaben. Das Logo Greenpeace ist auch in weißer Schrift und sieht aus wie von Hand geschrieben. Das soll persönlicher wirken.
Schluss: Ich finde die Werbeanzeige gelungen/gut/kreativ/modern, weil die Tiere und Farben sehr gut wirken / weil der Slogan gut gewählt wurde.

Seite 209

2

Frage	**Informationen aus dem Text**
Wie wird Werbung für Mädchen gemacht?	rosa, zeigt Pferde, Einhörner, es geht ums Schminken oder darum, sich hübsch anzuziehen
Wie wird Werbung für Jungen gestaltet?	blau, Dinos, Piraten, Fußballer
Was ist ein Negativpreis?	ein Preis für eine schlechte Leistung
Wie heißt der Preis?	der Goldene Zaunpfahl

11 Forschen und experimentieren – Grammatiktraining

Seite 217

1 Person A könnte eine Schülerin / ein Schüler sein.
Person B könnte eine Lehrerin / ein Lehrer sein.

2 Bei Person A steht zweimal derselbe Satzanfang. Person A verwendet keine Fachbegriffe und benutzt Jugendsprache. Das Gesagte ist gut verständlich.
Person B verwendet Fachbegriffe und keine Jugendsprache. Die Satzanfänge sind alle unterschiedlich. Das Gesagte ist schwerer verständlich.

Seite 218

2 das Verb (Tätigkeitswort): füllt, tunkt, schreibt, ist, bügelt, muss, könnt, sehen
der Artikel (Begleitwort): eine, ein, das, ein, das, einem, dem
das Nomen (Hauptwort): Zuckerwasser, Schale, Wattestäbchen, Blatt, Papier, Bügeleisen, Temperatur, Schrift
das Adjektiv (Eigenschaftswort): kleine, weißes, trocken, heiß
die Präposition (Verhältniswort): in, auf, mit
das Personalpronomen (Fürwort): ihr, es
Possessivpronomen (besitzanzeigendes Fürwort): seine, eure

Seite 219

3 A → 5, B → 3, C → 2, D → 1, E → 4, F → 7, G → 6

Seite 220

1 **b, c** Grün markiert sind: einige Blumen, einige Zeit.
Blau markiert sind: weißen Blüten, blaue Tinte, warme Wasser, frischen Blumen, hellen Orten, farbigen Wasser, farbige Wasser.
Rot markiert sind: einer Vase.
Grau markiert sind: dem Stängelende, die Blüten, der Blumen, der Blumenstängel, die Blüte, den Blumen.

2 Fall: Nominativ, 1. Fall
Fall: Akkusativ, 4. Fall
Fall: Dativ, 3. Fall

Seite 221

2 Stelle ein Glas in eine Schüssel und fülle es (das Glas) randvoll mit Wasser.
Lege ein Stück feste, durchsichtige Folie darauf.
Sie (die Folie) sollte es (das Glas) so bedecken, dass keine Luft eingeschlossen wird.
Drehe es (das Glas) nun auf den Kopf und halte sie (die Folie) fest.
Wenn es (das Glas) umgedreht ist, kannst du sie (die Folie) loslassen.
Du wirst sehen: Das Wasser läuft nicht heraus.

3 **b** Nimmst du mein Glas für deinen Versuch?
Du kannst auch gerne unsere Folie benutzen.
Du wirst sehen, deine Kleidung wird nicht nass werden.
Unser Kunststück wird gelingen.

Seite 222

1 **b, c** lauwarmes, heißem, eiskaltem, kurzen, lauwarme, eisigen, heißen

2 Die rote Schüssel ist so groß wie die blaue Schüssel.
Die blaue Schüssel ist so groß wie die rote Schüssel.
Die rote Schüssel ist kleiner als die grüne Schüssel.
Die blaue Schüssel ist kleiner als die grüne Schüssel.

Seite 224

1 **c** Hinweis: **Dativ-Präpositionen,** Akkusativ-Präpositionen:

A Wenn man die Nase gegen einen Luftballon drückt, dann riecht der nur **nach** dem Gummi. Aber nicht **bei** dem folgenden Versuch. Für den Versuch brauchst du einen Luftballon und einen Duftstoff, wie zum Beispiel Parfüm oder Vanillezucker. Der sorgt für den guten Geruch.

B Fülle etwas **von** dem Vanillezucker in den Ballon. Puste dann **mit** deinem Mund Luft in den Ballon. Knote den Ballon zu und binde ihn **mit** einem Band fest. Warte 15 bis 20 Minuten. Danach kannst du durch das Zimmer gehen und der gute Duft umweht dich.

Seite 227

1 **b** In Text B werden immer zwei Sätze durch Konjunktionen verbunden.

2 **C** So funktioniert das Experiment: Puste einen Luftballon auf, aber nicht zu prall, dann knote ihn zu.
Klebe zwei Streifen Klebeband so auf den Ballon, dass sie ein Kreuz bilden.
Wenn du jetzt mit der Nadel hineinstichst, bleibt der Ballon ganz.

3 Folgende Wörter hast du eingerahmt:
A und
B aber
C oder
D wenn

Seite 228

1 **c** baut, fädelt, befestigt, verschließt, klebt, schiebt, zeigt, löst, saust

2 werdet fädeln, werdet befestigen, werdet verschließen, werdet kleben, werdet schieben, zeigen werden, werdet lösen, wird sausen

Seite 229

1 **b** interessierten – interessieren, erfanden – erfinden, erzählten – erzählen,
begannen – beginnen, planten – planen, dachten – denken, gab – geben,
glaubten – glauben

2 A haben gebaut, haben benutzt, ist geflogen
B habe abgeschnitten, habe gedreht, hat verklebt, haben befestigt

Seite 242

1 **b** Wer (oder was) fand die ältesten Räder? Antwort: Forschende (= Subjekt)
Was machten die Forschenden? Antwort: (Sie) fanden (= Prädikat)
Wer (oder was) baute die ersten Räder? Antwort: Die Menschen (= Subjekt)
Was taten die Menschen? Antwort: (Sie) bauten (= Prädikat)

C Die Erfindung des Rades hat das Leben der Menschen verändert.
Das Rad hat anfangs vor allem das Leben der Bauern erleichtert.
Heute werden Räder unterschiedlich genutzt.
Das Prinzip ist aber gleich geblieben.

Seite 243

3 Wem verhalf ein Zufall dabei?
→ dem Professor → Dativobjekt
Wen oder was benannte Röntgen nicht nach sich selbst?
→ die Strahlen → Akkusativobjekt
Wem gab ein Kollege den Namen Röntgenstrahlen?
→ den Strahlen → Dativobjekt
Wen oder was schirmte Röntgen lichtdicht ab?
→ eine besondere Leuchtröhre → Akkusativobjekt
Wem glückte die Entdeckung der Röntgenstrahlen?
→ dem Professor → Dativobjekt

Seite 246

2 B Zu Beginn gab es nur sehr wenige Telefone, denn das Telefonieren war teuer.
C Die ersten mobilen Telefone füllten einen Autokofferraum aus, und sie waren so teuer wie ein Auto.
D Ab 1994 konnte man das Handy zum Telefonieren nutzen, oder man konnte sich kurze Textnachrichten schreiben.

Seite 247

2 B Viele Krankheiten konnte man heilen, nachdem man das Penicillin entdeckt hatte.
C Fleming gilt als der Erfinder, obwohl er das Medikament nicht selbst herstellte.
D Er wollte eine Schale mit Bakterien wegwerfen, da ein Schimmelpilz hineingeraten war.

Seite 248

1 A Der Alltag der Menschen veränderte sich, da man Elektrizität immer häufiger einsetzte.
B Ab etwa 1900 gab es in den Städten Strom, weil Stromkabel verlegt wurden.

2 a, b
C Die Städte wurden heller, weil Straßenlaternen und Neonschilder leuchteten.
D Der Alltag wurde leichter, da man viele Elektrogeräte wie den Kühlschrank erfand.

3 a, b
E Der Verkehr wurde schneller, weil elektrische Züge und Straßenbahnen entwickelt wurden.
F Strom aus Sonnenenergie ist heute von großer Bedeutung, da diese Energieform sauber ist.

Seite 250

1 b
B Heute spielen sowohl Kinder als auch Erwachsene gern Computerspiele, die man zu Hause am Computer spielt.
C Manche bevorzugen Konsolenspiele, für die man spezielle Geräte benötigt.

2 b, c
E Eines der ältesten Videospiele ist das Spiel „Tennis for Two“, bei dem zwei Spieler einen Tennisball auf dem Bildschirm hin- und herschlagen.
F E-Sportler sind Computerspieler, die das Spielen als Sport betreiben.

12 Rechtschreibung – Mit Training zur Meisterschaft

Seite 259

1 Rechtschreibstrategien, Groß- und Kleinschreibung, Merkwörter, Kommasetzung, Zeichensetzung bei wörtlicher Rede

2+3 **a, b** Rechtschreibstrategien: schwingen, verlängern, zerlegen, ableiten

Seite 260

1 **c** Die Bögen zeigen die Silben eines Wortes an.
d Gum mi stie fel

2 schwingen

Seite 261

3

- das Schwingen
- das Verlängern
- das Zerlegen
- das Ableiten
- die Nomen erkennen und großschreiben
- die Merkwörter einprägen

Seite 262

1 **b** der Schwe be bal ken • das Hür den lau fen • die Lang lauf ho se •
der Schwer ge wicht he ber

2 **b** Hinweis: offene Silben, **geschlossene Silben**
der Ra **sen** • die **Hal** le • der **Fel sen** • die Stra ße • die **Pis** te • der Bo **den**

3 **b** Hinweis: offene Silben, **geschlossene Silben**
ra ten • **rat** tern • spü len • **fül** len • tö nen • **kön** nen

4 sie treffen • wir klettern • sie können • die Sonne • sie kamen • wir schwimmen

Seite 263

5 **a, b, c** Hinweis: offene Silben, **geschlossene Silben**
muss – **müs** sen, der Fuß – die Fü ße, der Kuss – die **Küs** se, das Gras – die Grä ser
d zischend: Füße
summend: Gräser

6 a Hinweis: offene Silben, **geschlossene Silben**
müs sen 1. Silbe geschlossen – ss – müssen
die Fü ße 1. Silbe offen – zischend – ß
die Grä ser 1. Silbe offen – summend – s
die **Küs** se 1. Silbe geschlossen – ss
die Stra ße 1. Silbe offen – zischend – ß
die Na se 1. Silbe offen – summend – s
pas sen 1. Silbe geschlossen – ss
die **Schlüs** sel 1. Silbe geschlossen – ss

b **Wenn die erste Silbe offen ist:**
bei summendem s-Laut, einfaches s, zum Beispiel: rasen → die Gräser, die Nase
bei zischendem s-Laut, ß, zum Beispiel: das Kugelstoßen → die Füße, die Straße
wenn die erste Silbe geschlossen ist, ss,
zum Beispiel: der Wassersport → müssen, die Küsse, passen, die Schlüssel

Seite 264

1 b Spielerinnen, behindert, schießt, Wiese, riesige, gibt, Spiel, viel, Zustimmung

2 b, c, d wir laufen – wir lie fen, wir beraten – wir be rie ten, wir fallen – wir fie len
wir rufen – wir rie fen, wir schreiben – wir schrie ben, wir scheinen – wir schie nen

Seite 265

1 b, c der Ratschlag – die Ratschläge, das Spielfeld – die Spielfelder, der Rand – die Ränder,
die Bank – die Bänke, das Feld – die Felder, der Sieg – die Siege, der Erfolg – die Erfolge, klug – klüger,
gib – (wir) geben

2 a, b

lieb – lieber	es wirkt – (wir) wirken
der Erfolg – die Erfolge	der Strand – die Strände
sie siegt – (wir) siegen	sie benötigt – (wir) benötigen
gold – goldener	gelb – gelber
breit – breiter	wenig – weniger
es wiegt – (wir) wiegen	es schlägt – (wir) schlagen

Seite 266

1 b die Federbälle – der Ball, die Baumstämme – der Stamm
die Nägel – der Nagel, die Sandsäcke – der Sack

2 a, b er trägt – wir tragen, die Kräuter – das Kraut, stärker – stark, die Pässe – der Pass,
sie schlägt – wir schlagen, die Wände – die Wand, du fährst – wir fahren,
die Häuser – das Haus, härter – hart, die Ängste – die Angst

Seite 267

1 b Das, Golfspiel, Regeln, Man, Ball, Schlägen, Loch, Der, Bereich, Loch, Dort, Hügel, Mulden, Gras
c Das Golfspiel hat genaue Regeln. Man muss einen kleinen Ball mit möglichst
wenigen Schlägen in ein rundes Loch spielen. Der Bereich um das Loch ist grün.
Dort gibt es sanfte Hügel und tiefe Mulden und das Gras wird sehr kurz gehalten.

2 **b** der Stab + der Hochsprung = der Stabhochsprung
der Bogen + das Schießen = das Bogenschießen
der Handball + das Spiel = das Handballspiel
die Brust + das Schwimmen = das Brustschwimmen
das Eis + das Kunstlaufen = das Eiskunstlaufen

Seite 275

1 **b** X Die Satzzeichen im Text B erleichtern mir das Lesen.

2 Mögliche Lösung:
Ausrufezeichen: Der Präsident des Sportbundes sagte in einem Interview: „Alle Menschen sollten regelmäßig auf Sportplätzen, in Turnhallen oder Schwimmhallen aktiv sein!" **Fragezeichen:** Was ist Breitensport?
Komma: Tausende Vereine sorgen dafür, dass Sport, Bewegung, Gesundheit für viele zum Leben dazugehören.
Anführungszeichen: Der Präsident des Sportbundes sagte in einem Interview: „Alle Menschen sollten regelmäßig auf Sportplätzen, in Turnhallen oder Schwimmhallen aktiv sein!"

Seite 276

2 **a, b** 2 Sie stehen für den Zusammenhalt der Menschen, den friedlichen Wettstreit und das Zusammenkommen von Sportlerinnen und Sportlern aus aller Welt.
3 Viele verknüpfen mit den Ringen die fünf Erdteile: Europa, Asien, Afrika, Amerika sowie Australien.
4 Die ursprüngliche Idee war aber noch interessanter, anspruchsvoller und wirklich bahnbrechend.
5 In jeder Nationalflagge der Erde sollte mindestens eine olympische Farbe vorkommen.

Seite 277

1 **b** Statt des Kommas könnte man auch ein Punkt setzen.
Ein Hauptsatz kann auch alleine als vollständiger Satz stehen.

2 **b** 1 Sport macht starke Muskeln, aber Sport kann noch mehr.
2 Regelmäßige Bewegung ist nicht nur gesund, sondern sie sorgt auch für eine bessere Leistung im Gehirn.
3 Wärmt euch vor dem Sport gut auf, das bewahrt euch vor Verletzungen.
4 Benutzt Sportgeräte immer nur sachgemäß, so vermeidet ihr Unfälle.
5 Achtet auf eure Mitspieler, gefährdet sie nicht durch zu großen Ehrgeiz.
6 Sport soll natürlich in erster Linie Spaß machen. Mannschaftssportarten sind hierfür bestens geeignet, denn hier kann man schnell Freundschaften schließen.
7 Im Team ist man stark, denn man teilt nicht nur die Freude über den Sieg, sondern man teilt auch die Tränen bei einer Niederlage.

Seite 278

2 1 Weil im Gehirn durch Sport Glückshormone gebildet werden, bekommt man schon nach kurzer Zeit gute Laune.
2 Wenn ihr regelmäßig körperlich aktiv seid, habt ihr dauerhaft bessere Stimmung.
3 Sobald ihr euch körperlich betätigt, werden schädliche Stoffe abgebaut.

3 a, b, c, d Bei vielen Sportarten wird ein Helm getragen, damit bei gefährlichen Stürzen nichts passiert.
Die Spiele werden feierlich eröffnet, wenn das olympische Feuer angezündet wird.
Boxer schieben sich einen Schutz in den Mund, bevor es in den Ring geht.
Eine Skibrille gehört zum Wintersport dazu, weil der Schnee das Sonnenlicht verstärkt.

Seite 279

4 b Muskelkater entsteht, wenn durch Überlastung feine Risse in den Muskeln auftreten.
Der Schmerz entsteht vermutlich, weil sich durch die Risse Flüssigkeit im Gewebe sammelt.

c, d, e

1 Man sollte die betroffenen Muskelpartien sehr intensiv weitertrainieren, wenn man Muskelkater hat.
2 Wärme lindert den Schmerz, der durch Muskelkater entsteht.
3 Wärme hilft, weil dadurch die störende Flüssigkeit im Muskelgewebe schneller verdunstet.
4 Auch Profisportler können einen Muskelkater bekommen, wenn sie ungewohnte Bewegungen machen.
5 Es bleiben keine Schäden zurück, wenn man öfter Muskelkater hat, weil der Muskel sich total erholt.

Seite 280

2 c, d Forscher sind sicher, dass es im alten Ägypten bereits Wettkämpfe mit Publikum gab.
Sie glauben auch, dass ein Pharao (König) niemals an Wettkämpfen teilnahm.
Man hat festgestellt, dass ihn trotzdem alle für den stärksten Sportler hielten.

Seite 281

1 b A Es handelt sich um ein Gespräch in einem Sportverein nach einem Spiel.
B Es handelt sich um ein Gespräch unter Freunden, einer war als Zuschauer im Stadion dabei.
C Es handelt sich um ein Interview nach einer Weltmeisterschaft.

c Redebegleitsatz: **A** am Satzanfang, **B** in der Satzmitte, **C** am Satzende
Satzzeichen: Anführungszeichen, Kommas, Punkt, Fragezeichen und Ausrufezeichen

d C, A, B

e A Die Trainerin fordert die Mannschaft auf: „Kommt, wir sprechen das Spiel noch mal durch!"
B „Hey, Leute", ruft Alex, „ich war am Wochenende im Stadion! Wollt ihr wissen, wie's war?"
C „Persönliche Bestleistung und Weltrekord – wie fühlen Sie sich?", fragt die Reporterin den Sportler.

2 b Der Angler sagt zum Fischverkäufer: „Werfen Sie mir zwei Forellen zu."
„Warum werfen?", fragt der Verkäufer.
Da antwortet der Angler: „Damit ich sagen kann, ich hätte sie selbst gefangen."